Hohenheim

Ralf Lilienthal

Überall ist Garten

oder: Jeder Mensch ist ein Gärtner!

Hohenheim Verlag
Stuttgart · Leipzig

Fotografien und Bildbeschaffung: Nicola Buhl

Die Deutsche Bibliothek – CIP Einheitsaufnahme
Ein Titeldatensatz für diese Publikation ist bei der Deutschen Bibliothek erhältlich

Satz und Gestaltung: L & N Litho, Waiblingen
Druck: Henkel-Druck, Stuttgart
Bindearbeiten: E. Riethmüller, Stuttgart
Printed in Germany
ISBN 3-89850-066-7

Meinem Vater gewidmet und Jürgen Dahl

Inhalt

Vorwort und Dank

Die im folgenden versammelten Gedanken-Gänge durch das Gartenreich haben eine Geschichte, die weit vor ihrer Buchveröffentlichung beginnt. Es sind Texte, die unter dem Namen „Essay" seit Februar 1994 in der „Gartenpraxis" des Stuttgarter Fachbuchverlags Ulmer monatlich erschienen sind. Als solche hatten sie, vor allem was ihre Länge angeht, einen vorgegebenen Rahmen, der sich aus den Notwendigkeiten eines Periodikums ergibt.

Die allermeisten dieser Essays sind nach dem gleichen Strickmuster verfertigt: ihr Anlaß ist ein Textfragment aus Literatur, Biographie oder Geschichte, das erkennbarerweise den Garten zum Inhalt hat. Davon gehen die Texte aus, dazu führen sie hin, um dieses Zitat herum sind sie gesponnen. Nur wenige sind ausschließlich aus eigenem entstanden, und selbst bei denen stand oft ein nicht eigens zitierter Dichter oder Denker Gevatter.

Das Buch stellt eine Auswahl und Sammlung dieser kleinen Prosastücke dar. Seine Kapitel sind ein Versuch der Gliederung und Reihung, das Ergebnis ist keineswegs zwingend. Jedes dieser Stücke steht für sich und kann ohne seine Vorgänger und Nachfolger gelesen und verstanden werden. Weniges, zumeist Stilistisches, wurde geändert.

Mein besonderer Dank nach Fertigstellung des Manuskripts gilt: Karlheinz Rücker, dem Chefredakteur der „Gartenpraxis", der die Essay-Kolumne für den Verfasser eingerichtet hat und seit Jahren redaktionell betreut. Barbara von Wulffen, vorbildliche Journalistin und Schriftstellerin, für ihre Ermunterung zur Buchpublikation und die Vermittlung zum Verlag. Renate Jostmann, der verantwortlichen Lektorin des Hohenheim Verlags, für die vollkommen unkomplizierte verlegerische Betreuung vom allerersten Tag an. Und nicht zuletzt meiner Frau und meinen Kindern für die Geduld und Unterstützung, mit der sie die Entstehung des Manuskripts begleitet haben.

Ralf Lilienthal
Witten im August 2002

Einleitung

„Gehen wir in den Garten!" Das hört man gerne, und wer Zeit hat, folgt solch freundlicher Einladung nur allzu bereitwillig. Ja, gehen wir in den Garten! Doch wohin gehen wir da, wenn wir denn gehen? Schließlich gibt es Gärten so viel, wie es Gärtner gibt, und jeder Garten, wenn er nicht gerade von der Stange ist, spricht eine ebenso deutliche Sprache wie die Züge des menschlichen Gesichts.

Gehen wir zu den Gärtnern, den heutigen oder zu denen vor unserer Zeit. Beobachten wir sie, heimlich oder ganz ungeniert. Lassen wir sie erzählen. Versuchen wir sie zu verstehen. Dann wird, was sie unterscheidet, zumeist schneller offenbar, als das „verbindende Band". Während wir dann noch stille stehen und darüber nachsinnen, gerät Bewegung in die jeweilige Szenerie, denn ein Gärtner gärtnert weiter! „Stille stehen" das kennt er auch. Doch bei ihm ist es gewissermaßen nur ein Innehalten zwischen zwei Aktivitäten, eine Art Umschalten von Tat zu Tat. Denn d a s ist der Gärtner wirklich: ein Schaffer, ein Macher, mitunter sogar ein Workaholic im Strohhut-Inkognito. Einer, der den angehaltenen Lauf so wenig kennt wie die Pflanzen oder wie deren Impulsgeberin, die Sonne. Er geht mit ihnen, ob er will oder nicht.

Gärtnern ist Tätigsein auf einem zwangsläufig „kreativen" Niveau: Anbauen, Pflegen, Züchten, Vermehren, Gestalten – wer im Garten arbeitet, hat die Kreatur, hat das Lebendige, sein Werden u n d Vergehen im Sinn. Das kann man herausfordern oder fördern, lenken oder zerstören, „machen" im eigentlichen Sinne kann man es nicht. Natürlich beherrscht auch der Gärtner besondere Techniken, kennt Griffe und Kniffe, ist im landläufigen Sinne ganz „Spezialist". Ein Techniker ist er deswegen noch lange nicht. Warum? Weil er nicht immer nur macht, sondern öfter noch machen läßt! Gärtnern ist t u n und l a s s e n. Keimen lassen. Wachsen lassen. Reifen lassen. Und d a s „macht" jemand anderes. Die Pflanzen tun es ganz von alleine, die Natur als Ganze tut es, und wenn wir nicht nur klug, sondern weise sind, lassen wir sie dabei in Ruhe.

„In Ruhe lassen" – eine unzeitgemäße Forderung im Jahrtausend der Hochgeschwindigkeiten und des elektronisch gestützten „Überall-und-Nirgendwozugleich". Und doch gilt auch hier und jetzt: „Jeder Mensch ist ein Gärtner!" Was im übrigen kein Wunschdenken ist und kein Gemeinplatz, sondern eine Art Gleichung mit zwei Bekannten: Ein „Gärtner", so verstanden, ist, wer im Ein-

klang mit den Eigengesetzlichkeiten der Welt handelt, wer das Richtige zur rechten Zeit tut oder läßt, gleichgültig ob es dabei um Sellerie oder Siamkatzen, Kinder oder Kegelbrüder geht. Und „Mensch“ ist, so verstanden und ganz im Unterschied zu dem in der neuen Zeit so wohlbekannten Un-Menschen, wer sich im großzügigen Leben und Leben-Lassen „human“ verhält – allen Wesen gegenüber!

Und der Umkehrschluß ist auch erlaubt: „Überall ist Garten!“ Überall sind Wesen eigener Gesetzlichkeit, die sich aus eigenem, inneren Antrieb entfalten, die beinahe zwangsläufig (zer-)stört, wer ungeduldig an ihnen zieht und zerrt. Helfen, fördern kann nur eine gärtnerische Gesinnung. Bedingungen des Wachstums bereitstellen, Schädigendes abwehren, ja, doch selbst hier ist höchste Zurückhaltung, Aufmerksamkeit und Erkenntniswachheit vonnöten, und weniger ist sehr oft besser und mehr.

„Überall ist Garten, und jeder Mensch ist ein Gärtner“ – ob das eine Moral ist? Oh ja, und was für eine! Eine Moral mit Zeigefinger. Aber nicht erhoben, sondern ausgestreckt. Hinweis auf etwas, das dem Gärtner offensichtlich zu sein scheint. In diesem Sinne moralisch gemeint sind auch die hier versammelten kleinen „Essays“. Es sind konfessionslose Predigten, zur Andacht – Verzeihung – genauso geeignet, wie zur Erheiterung. Zum Hingucken oder zur Neu-Bewertung. Sie sind aus dem Staunen darüber entstanden, was alles Gärtnern sein kann und nicht zuletzt aus der Freude am Schreiben selbst. Sie wollen nicht belehren, nicht anleiten und nicht einmal erklären. Nur unterhalten und anregen. Feuilletons. Fallende Blätter, vom Wind in alle Himmel zerstreut.

„Gehen wir in den Garten!“

Wo der Garten beginnt und wo er endet – von den Grenzen des Gartens

„Spiel mir das Lied vom Tod!" Nein, das ist nicht etwa die Aufforderung zu chemischer Insektenvernichtung, sondern der Titel des bekannten Kult-Westerns. Eine Szene daraus blieb dem Gärtner lange haften: Da schritt der Held ein großes Rechteck ab, das er mit vier in den Boden getriebenen Pflöcken und einer Schnur markierte. Staunenden Beobachtern gab er dazu die höchst knappe Erklärung: „Das is ne' Station. Ne' Bahnstation und der Anfang einer neuen Stadt!"

Darin liegt Weisheit – auch für Gärtner! Denn ein so eingeschlagener Pflock ist auch der Beginn des Gartens. Drei, vier oder mehr Eisenstäbe in den Boden gerammt und eine Schnur dazwischengespannt, machen aus einem einheitlich-unbegrenzten Gelände ein nachvollziehbares Innen und Außen. Innen, das ist schon in diesem ersten Moment der Garten, was immer wir inhaltlich daraus machen werden. Außen, ist – was? – die Welt, alles das, was nicht unser Garten ist. Doch genauer besehen braucht der Beginn des Gartens nicht einmal Pflock und Schnur, braucht es überhaupt keine physisch sichtbare Begrenzung, solange nur des Gärtners Bewußtsein dieses Innen und Außen sieht und beherrscht. Das aber ist Garten: eine Entscheidung für dieses umgrenzte Stück Land, der Entschluß zu seiner Gestaltung und pflegenden Erhaltung und die ununterbrochene Realisierung dieses Entschlusses.

Doch bevor ein Mensch Pflöcke in den Boden schlägt und Verantwortung für das damit markierte „Innen" übernimmt, muß etwas mit ihm selbst geschehen sein. Denn vom „Gärtner an sich" zum realen, verantwortlichen Gärtner ist ein bedeutender Schritt. Warum der eine ihn geht, ein anderer aber gerade nicht, liegt in den Abgründen der Persönlichkeit begründet und verborgen. Wo und wie der Garten tief innen beginnt ist Privatsache, und die Motive zum Gärtner-Werden sind mannigfaltig. Natürlich lassen sich Hauptrichtungen darin erkennen, Vertrautes oder Befremdendes, Interessantes allemal. Oft beginnt der Garten weit in der Vergangenheit, in den Kindertagen, von den Eltern angeregt oder im Widerspruch zu ihnen begonnen. Lange gehegte Erwartung, unendliche Geduld und Ausdauer münden in Gärten, aber auch ein kurzer Entschluß, ein unüberlegter Impuls. Wie ein Virus befällt Gartenleidenschaft die Menschen. Wie ein blinder Drang nach dem eigenen Stückchen Land, selbst wenn, wie man sehen wird, das Wort vom „Stückchen" manchmal sehr wörtlich zu verstehen ist.

Und wie beginnt man den Garten faktisch? Nach der Infektion, dem Abgrenzen und Einpflocken? Mit dem alten Briest kann man zu Recht sagen: „Ein weites Feld", die Gartengestaltung und eine ganz eigene Kunst. Eine handwerkliche Kunst, deren Regeln so gut erlernt werden können, wie sie schließlich wieder vergessen werden müssen, wenn der individuelle, der eigene Garten daraus werden soll. Wie individuell der Garten tatsächlich ist, bemerkt man spätestens dann, wenn das gestaltende Individuum, also der Gärtner, einmal für längere Zeit keine Hand anlegen kann (oder will). Dann löst sich der Garten allmählich auf. Verschwindet im großen und ganzen der Natur, deren unerlaubtes Eindringen und Ausbreiten zu verhindern sonst ja unser hauptsächliches Geschäft ist. Ein bitteres Geschäft? Nein, eine lustvolle Betätigung, „Gartenarbeit" genannt.

Grenzen des Gartens? Natürlich gibt es die harten Grenzen der Gartenlust: Keine Zeit zu haben. Krank zu sein. Keinen Garten mehr zu haben! Da hilft nur geduldige Entschlossenheit, der Wille zur tätigen Überwindung dieser Leiden. Die nur gedachten und empfundenen Grenzen des Gartens zu überschreiten ist erlaubt, ja gewünscht! Denn wenn wir von außen oder von tief innen auf den Garten schauen, werden wir uns seiner täglichen Gnadengeschenke erst richtig bewußt.

Brennende Liebe

Wo beginnt der Garten? Keine leichte Frage. Eine Frage, bei der man behutsam vorgehen muß. Schießt man sie blindlings von der Sehne, fliegt ein ganzer Schwarm von Antworten auf, und viele können verlorengehen. – Wo beginnt der Garten? Hinter dem Zaun. Jedenfalls hinter einer Abgrenzung, und sei diese noch so unauffällig. Wohl wahr, und so materialistisch wie sie klingen mag, ist diese Antwort tatsächlich nicht. Aber dem wird an anderer Stelle nachgegangen werden müssen. – Der Garten beginnt auf dem Papier. Vielleicht, doch über die zweidimensionale Vorbereitung eines vieldimensionalen Objekts kann man geteilter

Meinung sein, zum Kern unseres Problems kommen wir so gewiß nicht – Im Kopf!? Ja, mancher Garten ist wirklich eine Kopf-Geburt, ist ausgedacht, bloß vorgestellt, und oft genug dem Ort, der den Garten beherbergen soll, aufgezwängt. – Nein, ein Garten beginnt mit dem ersten Spatenstich. Ohne praktisches Tun gibt es auch keinen Anspruch auf Gärtnertum! Gewiß, das hat einiges für sich, auch wenn der feinsinnige Gartenfreund bedenklich das Haupt schüttelt. Wo beginnt der Garten?

„Mein Vater wünschte sich einen kleinen Garten. Sein Wunsch brannte wie ein Feuer mitten unter uns. Es wärmte, und es versengte uns. Gleich nach dem Mittagessen um zwölf Uhr machte er einen Spaziergang auf den Wegen am Rande der Stadt. Jeden eingefriedeten Fleck sah er sich wohl an und maß die Fläche aus, indem er mit seinen großen Schritten von einem Mauerwinkel bis zum andern ging, und dann berechnete er, wieviel das bei einem Preis von soundso viel für den Quadratmeter im ganzen wohl kosten könnte." Der französische Schriftsteller Jean Giono spricht. Dessen Vater war Schuster: arm, aber unabhängig und von einer stillen Größe. Gleich dem legendären „Mann mit den Bäumen", den Giono in seiner kurzen Erzählung verewigt hat, geht auch der Schuster des Sonntags mit einem Sack voll Eicheln oder Bucheckern durch die Landschaft und setzt Bäume. Einfach so, auf fremden Boden, zu seinem unaussprechlichen Vergnügen. Was dabei entsteht, ist ein Garten. Zusammengehalten von den Schritten und der inneren Stimmung des allsonntäglichen Besuchers, der auch weit voneinander entfernte Pflanzen „zusammensehen" konnte. Kein Wunder, daß dem Schuster der brennende Wunsch nach einem eigenen Gärtchen erwuchs.

Fazit: Der Garten beginnt im Herzen! Und so, wie sich Herzensbindungen oft erst nach der (vorübergehenden) Entfernung ihres Objekts als wahrhaft tief erweisen, gibt es gewissermaßen eine vorauseilende Vereinigung mit dem ersehnten, aber fernen Garten. Wer in solcher Entbehrung vorbereitet ist, dem kann der ärmlichste Flecken Land die Erfüllung aller Träume sein. „Endlich hatte er ein kleines Grundstück gepachtet; zehn Meter Terrasse auf dem Stadtwall. Das Fleckchen war mit Schutt und Abwässern gedüngt. Er züchtete dort Rosen und Gnadenkraut. Wenn es Nachmittag wurde, nahm mein Vater immer einen Stuhl, lud ihn sich auf die Schulter und ging nach seinem Garten am Rand der Stadt. Da setzte er sich zwischen seine beiden Rosenstöcke hin. Die Klostertauben kamen und ließen sich auf seiner Schulter nieder."

Der grüne Schuh

Überall ist „Garten“. Schon der mit Gärtneraugen zusammengeschaute Ausschnitt Natur ist gewissermaßen ein Garten (was noch zu beweisen wäre). Doch um „Garten“ zu sehen, kann man sich auch der Augen eines kleinen Mädchens bedienen.

Der Arzt und Dichter Hans Carossa berichtet von einem Spaziergang mit Mutter und Schwester. Die Dreizehnjährige zieht den wohlwollenden Bruder hinter sich her und ist freudig gespannt, ihm das „Allerschönste des Waldes“ zu zeigen: „den grünen Schuh. Sie lachte, als ich wissen wollte, ob dies vielleicht der Name eines neuen Waldwirtshauses oder einer Diensthütte wäre. ‚Du stehst davor, gib acht, daß du nicht darüber stolperst!‘ Sie hielt mich am Rockärmel fest, als ich den Bach überspringen wollte, und deutete auf ein Ding, das meinem Blick bisher entgangen war. Unter Erlengesträuch, zwischen Schilf und Weidenröschen, stand halb im Wasser ein weggeworfener alter Schuh, aus dem durch das zarte Weben der Natur etwas wie ein Kunstwerk geworden war. Dunkelgrüne Moose bekleideten das faltig eingeschrumpfte Leder bis zur Kappe, die einen Besatz von apfelgrünen Algen trug. Die abgerissene Sohle mit hölzernen Zähnchen und die breite Zunge waren mit einem feinen gelbgrünen Pilz wie mit Seidensamt gefüttert.“

Das waren noch Zeiten, als ein in der freien Natur entsorgter Schuh bedenkenlos seinem Schicksal überlassen werden konnte! Auf Leder, Holz und Schusterzwirn mag sich manch anmutiges Ensemble von Moos und Algen eingefunden haben. Und als ein reputierlicher Garten en miniature – von der großen Gärtnerin Natur selbst gestaltet – darf der alte Schlappen dabei auch noch angesehen werden. Denn wer sagt schließlich, daß die Ausmaße den Garten ausmachen oder daß seine Pflanzen auf Erde wachsen müßten statt auf Leder.

Überall ist Garten. Wer sich zu den feinen Moospflänzchen hinunterbegibt, zu den Algenrasen und Flechtenwäldern, den überrascht die oft erstaunliche Vielfalt und Landschaftsähnlichkeit dieser einfachen Lebensformen. Neben vielem ist Gärtnern auch sehen lernen: Sinn für Proportion, Kontraste, Harmonie, kurz Sinn für künstlerische Gestaltung und vollendete Gestalt zu entwickeln. Und dieser Sinn bildet sich am kleinen so gut wie am großen. Das Gärtchen auf dem Schuh ist in der Schule des Sehens gewiß eine bescheidene Lektion. Aber man reduzierte es auf ein bloßes Mittel zum Zweck, würde man seine Pflanzen nicht auch für sich bewundern können. Goldglänzendes Moos im beschatteten Rasen, rötliche Flechten auf einem wuchtigen Betonsockel, die vielfältige Zersetzungsflora auf dem alten Eichenstumpf – wer sich diesen Wesen seines Gartens erst einmal geöffnet hat, wünscht, er selbst hätte sie gepflanzt, wünscht, sie ließen sich ebenso sicher handhaben wie die tausenderlei Kulturpflanzen unseres Gartensortiments. Und vielleicht lassen sie sich! Hier ein bemoostes Aststück, dort eine Krustenflechte auf Granit und manchmal ein Ensemble von vielem auf einem alten Schuh … : man muß sich nur, bei gebührendem Respekt vor dem Schonenswerten, bücken und sie nach Hause tragen. Ein Plätzchen dafür ist wohl rasch gefunden und dem weiten Feld des gärtnerischen Experimentierens ein neues Tor eröffnet.

Mauerkammgarten

„Gärten am Reiseweg"? Ja, das ist ein schönes Reisen, das die erlesenen Gärten berührt oder gar zum wesentlichen Inhalt hat. Erlesen nicht selten in doppelter Bedeutung, denn mancher war dem berühmten Park oder Garten literarisch schon länger auf der Spur. Von besonderem Reiz jedoch ist eine Begegnung der anderen Art: das Stolpern über den unerwarteten, unbekannten und bestimmt unberühmten Garten, die überraschende Entdeckung eines hinter Dornenranken versteckten, schlummernden Schatzes. Suchen kann man das nicht. Finden schon eher. Entdecken aber, richtig von innen, womöglich Seite an Seite mit dem Gartenschöpfer selbst – das ist ein kleiner Alltagsgnadenakt und eingedenk der vielen Zufallsumstände, die allein dahin führen, einiger Dankbarkeit wert. Der Kolumnist weiß, wovon er spricht und hat dabei zwei wundervolle Gärten im ungetrübten Erinnerungsblick.

Andere kennen das auch: „Habe ich Ihnen schon erzählt, daß ich einen Umweg gemacht habe, um die alte Mauer in Goslar wiederzusehen? Ich kenne sie nun seit einigen zwanzig Jahren, glaube ich. … Die Leute, denen diese Mauer gehört, haben keinen Garten, sie schließt nur einen Hof ab. Dies mag die reizvolle Entwicklung erklären, die ihr Blumenschmuck erfahren hat. Als ich ihre Bekannt-

schaft machte, wuchsen auf dem Mauerkamm allerlei Gräser wie zarte grüne Kissen, aus denen sich die zärtlichen Profile der Blütenstände erhoben, einzelne Gruppen von Hauslauch. Das mochte sich alles von selber dort angesiedelt haben."

Alfred Lichtwark, der feinsinnige Gartenschriftsteller, wurde gleich zweifach beglückt: Zuerst durch die Entdeckung des Mauerkamm-Gartens. Das war keineswegs passives Glücksgeschenk, sondern vielmehr aktive Leistung, wie sich bei genauerem Lesen seiner Darstellung zeigt. Denn was Lichtwark, der Gärtner, dort in Goslar auf dem alten Mauerwerk vorfand, war überhaupt kein Garten, sondern Landschaft – eine zufällige Komposition („Das mochte sich alles von selber dort angesiedelt haben.")! Und ganz offensichtlich wurden Mauerkammbesitzer und Betrachter von dem gleichen Bedürfnis und Vermögen beseelt: darin, in der Mikrolandschaft, im Zufälligen, den Garten zu ahnen, zu sehen, und an seinem Werden Anteil zu nehmen: handelnd oder betrachtend, in jedem Fall aber über lange Zeit:

„Daß es sich dort sehr gut machte, mußten auch die Bewohner des kleinen Hauses gefunden haben, dessen Hof die Mauer abschließt ... Von Jahr zu Jahr wurde es mir deutlicher, daß die Leute in der Bestellung dieses Mauerkamms einen Ersatz für den fehlenden Garten suchten ... Von Jahr zu Jahr wurde es schöner und reicher. Nicht lange, so trug die Mauer einen mit Erde gefüllten Steinkasten über der ganzen Ausdehnung, und nun legten die Pflanzen nach Herzenslust los. An die mit ragenden Blütenständen schlossen sich solche mit hängenden, die wie ein Vorhang an der Mauer herabsanken."

Der Garten auf dem Mauerkamm, ein Ersatz für den „richtigen" Garten!? Vielleicht. Aber vielleicht auch ein in diesen Dingen gar nicht so seltener Fall von „Ur-Zeugung", eine Inspiration des Nicht-Gärtners durch ein Stück „Land", das für nichts steht, außer für sich selbst! Jedenfalls ein gestalteter Raum in Wandlung, dessen andauernde Verwandlung dem Betrachter Lichtwark ein Vergnügen der besonderen Art bereitete. Denn das ist die in Aussicht genommene zweite Glücksgabe an den kenntnisreichen Spaziergänger, nämlich, daß er immer wieder zum Ort der zunächst zufälligen Begegnung zurückkehren und über das einmalige Bild hinaus dessen fließend-metamorphische Bewegung verfolgen konnte. Dafür lohnt es sich sogar „Umwege zu machen!"

„Das Schönste sah ich in diesem Jahre. Weiße und purpurne Petunien im üppigen Laub hingen wie ein Königsmantel herab an der schönen grauen Mauer. Diesmal ging ich hinein und sprach den Leuten meine Freude über den Anblick aus. Sie strahlten vor Stolz und Glück und erzählten mir, wie schwierig es in dem heißen Sommer gewesen wäre, genügend Wasser zu beschaffen... Für mein Empfinden ist diese Gartenmauer der armen gartenlosen Leute eine der großen Sehenswürdigkeiten Goslars."

Lichtwarks Szene, zumal sie in Goslar siedelt, trägt den Duft von „Lange-Her" und von Idylle. Aber Vorsicht, denn die Idylle lebt, inkognito gewiß und manchmal verschämt, aber sie lebt! Entkleidet man sie nämlich von ihrem Beiwerk, den Fransen, Rüschen, den Ärmelschonern und Hosenträgern, ist sie hochwirksames Agens einer weittragenden Revolution. Möglicherweise.

Glaubt ihr nicht? Und warum wundert ihr euch nicht? Worüber? Ein Exkurs: Wer hat die schönsten Gärten? Unsere (meine) Elterngeneration. Also möglicherweise du, lieber Leser! Warum haben sie die schönsten Gärten? Weil sie das Arbeiten noch gelernt haben. Den Fleiß. Die Hartnäckigkeit. Das Wartenkönnen und Geschehenlassen. Die leisen Genüsse. Die Geduld. Das haben sie auf dem Land gelernt oder bei schwerer Handarbeit, nicht selten sogar im Krieg. Online lernt man das nicht. Sicher, online geht einiges, sogar reich werden. Schnell reich werden! Doch wer schnell reich wird, wird dabei nicht nur reich sondern auch schnell! Aber selten Gärtner. Die aber doch Gärtner wurden, tief innen, sind keine Idylliker sondern „Partisanen", wie das einst Jürgen Dahl in der „Natur" so prägnant ins Bild gefaßt hat. Unspektakuläre Kämpfer für eine getragene, mit liebevoll zugreifender Hand erhaltene Welt. Aber nur so entsteht etwas von Dauer – und sollte es des Menschen Zukunft sein.

Die Gärten des Dr. Fleming …

… waren sehr klein. Doch davon später!

Dr. Alexander Fleming, am Ende seines Forscherlebens „Sir" Fleming, gehört zu den Menschen mit bedeutender Vita, die man besonders gerne in Person erlebt hätte. Ich würde ihn auf seinem Landgut „The Dhoon" in Suffolk besucht haben, im Garten oder in der kleinen Werkstatt, wo er so gerne getüftelt und experimentiert hat.

Der schottische Bauernsohn hatte Qualitäten, die auch dem Gärtner gut anstehen: Der kleine Mann mit den breiten Schultern und der Boxernase ließ den Dingen und Menschen freien Lauf. Seiner feinen Beobachtungsgabe entging nichts, obwohl oder gerade weil sein Forschen nicht in erster Linie streng systematisch war. Er forschte beinahe spielerisch, aus Freude auch an den einfachsten Tätigkeiten, immer bereit „auf das Unerwartete zu stoßen". „Ich spiele mit Mikroben. In diesem Spiel gibt es natürlich viele Regeln … Wenn man aber genug Wissen und Erfahrung hat, macht es viel Spaß, die Regeln zu brechen und etwas finden zu können, an das noch niemand gedacht hat …" So glich sein Labor einem Garten, in dem die ordnende Hand des Gärtners sich scheut, auch noch den letzten Winkel des Verwilderns zu glätten, aus Furcht, die lieben Launen der Natur könnten seinem Reich den Rücken kehren. Nur weil der „unordentliche" Dr. Fleming die mißratene, weil verschimmelte Kultur in der

Petrischale nicht einfach wegwarf, konnte er die Spur aufnehmen, die zur weltverändernden Entdeckung des Penicillins führte.

Auch als Gärtner ging Fleming seine eigenen Wege. Rieten ihm andere von irgendeinem Schritt ab, konnte man sicher sein, er ging ihn doch. Die Wiesen von „The Dhoon" wurden unter der Hand Alexander und Sareen Flemmings zu einem fruchtbaren Obst- und Blumengarten. Gärtnern war ein Herzensbedürfnis des irisch-schottischen Ehepaars. Selbst als ihr Haus in Chelsea während des Zweiten Weltkriegs zerbombt worden war und sie das Haus eines verreisten Kollegen bewohnten, konnten sie nicht vom Garten lassen. Dr. Allison war nach dem Krieg über die unerwartete Fruchtbarkeit seines „verliehenen" Gartens nicht wenig erstaunt.

Und der Forscher dachte verwegen: Wer außer dem eigensinnigen Schotten wäre wohl sonst der Idee verfallen, Blumenzwiebeln vom Flugzeug aus auf die tiefgelockerte Erde zu werfen, nur um eine möglichst natürliche Streuung zu erzielen (das Projekt blieb allerdings unausgeführt!)?

Die gewiß originellsten Gärten Flemings aber waren seine Mikrobengärten. Durch die gezielte Impfung einer Löschblattunterlage mit *Bacillus violaceus* etwa oder *Staphyllococcus aureus* entstanden grüne „Wiesen", auf denen bunte „Blumen" wuchsen. Von hier aus war es dann nur noch ein kleiner Schritt, mit dieser mikrobischen Farbpalette auch zu malen. Mit erstaunlichem Geschick entstanden Portraits, Figuren und kleine Szenen. „Der Mensch", sagt Schiller, „spielt nur, wo er in voller Bedeutung des Wortes Mensch ist, und er ist nur da ganz Mensch, wo er spielt."

Hinter der Stirn

Woran denkt der Gärtner, wenn er in seinem Garten ist? Zwei Gärten können – in Gestalt und Pflegezustand – einander sehr ähnlich und dennoch Stadien vollkommen anderer gärtnerischer Prozesse sein, je nachdem, welchen Ort sie in der Vorstellung des Gärtners repräsentieren. Ein hochgradig geordneter, fein säuberlicher Garten etwa könnte die Visitenkarte eines pedantischen, beherrscht-beherrschenden Gärtners sein, den man heute, morgen und für alle Zeiten im

gleichen Grad des Ordnungshaltens antreffen wird. Zugleich ließe sich ein Gärtner vorstellen, quartalsfleißig, ansonsten aber chaotisch und faul bis zum Nichtmehraushalten, den, wenn er lange genug in den chaotischen Spiegel seiner selbst blicken mußte, die Ordnungswut umtreibt und der nicht eher ruht, bis alles blitzt und blinkt. Für einen Tag. Das gibt es!

Nein wirklich, was einer über seinen Garten denkt, ist für unser tieferes Verständnis von Mensch und Garten von Interesse. Allerdings ist es, da es dem Gärtner manchmal selbst nicht recht zu Bewußtsein kommt, nicht immer leicht zu vernehmen. Was denkt der Gärtner über seinen Garten, was denkt er über sich als Gärtner?

„Manchmal hatte Edward das Gefühl, daß die zarteren Gewächse von dem robusteren Zeug zunichte gemacht würden, wenn man nicht einschritte. Er sah sich als eine weise und gütige Gottheit, die über ihr Reich herrscht und darauf achtet, daß das Böse nicht immer obsiegt. Den Krieg hatte er Brennesseln und Brombeergestrüpp erklärt – man konnte sich einreden, daß eine böse Macht am Werk sei, die darauf aus war, alles zu einer üppig wuchernden Wildnis zu machen, in der die Schwächsten untergehen. Edward fühlte, daß er und die böse Macht ziemlich ebenbürtig waren. Mit einem mehrstündigen konzentrierten Angriff konnte er Monate entschlossenen, verstohlenen Wachstums zerstören; aber dann entdeckte er einen anderen Bereich, den er übersehen hatte, wo die Dinge zum Teufel gegangen waren und ein heldenhaft kämpfender Fleck Waldanemonen oder Sternhyazinthen vor dem Erstickungstod stand. Man dachte natürlich in solchen Begriffen: böse, verstohlen, Kampf, heldenhaft. Er war sich des Anthropomorphismus wohl bewußt und fand ihn wirklich zufriedenstellend; es war, als ob er in den Britches, bis zu den Oberschenkeln in peitschenden Nesseln und tintenfischartigen Tentakeln klammernder Brombeeren, endlich vieles in Angriff nahm und sehr oft die Oberhand gewann."

Interessant nicht? Penelope Livley, eine offensichtlich gartenverständige Engländerin, präsentiert in ihrem Roman „Der wilde Garten" eine Familiensituation, in deren Brennpunkt „The Britches", ein ererbter, waldähnlich großer und halbverwilderter Garten steht. Edward ist dessen verantwortlicher Gärtner. Und da Edward zugleich (in seiner Freizeit) Naturschützer und „Ökologe" ist, werden seine Gartengedanken aus den Vorstellungsquellen dieser „modernen Weltanschauung" gespeist. „Insektizide durften nicht angewendet werden, auch nicht

Fungizide oder Unkrautvernichter oder irgendwelche anderen dieser arbeitssparenden Dinge, die sonst jeder benutzte. So durften auch Mäuse und Maulwürfe nicht gefangen oder gegen Fliegen und Wespen nicht gesprüht werden. Vernachlässigung und ein Gefühl für das Bewahren hatten den Garten in eine schöne Fläche voller Gemeinem Kerbel, Butterblumen, Löwenzahn, Winden und Nesseln verwandelt."

Der naturnahe, „ökologische" Garten ist, wie alle anderen Gärten auch, eine zuerst im Gedankenbereich getroffene Wahl, eine Entscheidung für oder gegen dies oder jenes. Genauer besehen, ist er sogar eine ununterbrochene Folge solcher Entscheidungen, und dabei müssen, haben wir es doch nicht mit dem naturnahen Garten und schon gar nicht mit dem Naturgärtner zu tun, diese Entscheidungen keineswegs immer von besonderer Stringenz sein. „*Mimulus* war eigentlich aus dem Garten ausgewandert, Edward ließ ihm aber dennoch seinen Platz, obwohl er eingestand, daß es ein Purist nicht täte.... Tatsächlich nahm Edwards Eingriff Berichtigungen vor, die seiner eigenen Sichtweise, in welche Richtung sich die Natur entwickeln sollte, sehr entgegenkamen; die Natur selbst zeugte völlig planlos. Und in der Planlosigkeit gibt es diejenigen, die überleben, und die anderen, die untergehen. Edwards Manipulationsversuche erschienen sowohl anrührend als auch am Ende wirkungslos."

Die innere Logik dieses letzten Gedankens ist zwingend. Im Gefolge der großen und noch immer die Naturanschauung in der Tiefe beherrschenden Vorstellung einer absoluten Weltmechanik wird der romantische Glaube an die Idyllen von Gleichgewicht und Vielfalt im Lebendigen einfach hinweggefegt. Der „ökologisch"-einsichtige Mensch als Welt-Garten-Manipulator? Vor dem Hintergrund der biologischen Weltsicht: lächerlich und „wirkungslos". Am Ende regieren in den „Britches" Mischwald und ein paar Sumpf-Sonderbiotope – der Rest ist Evolution.

Nein, ohne eine reale, erkenntnistheoretisch begründete Anschauung vom Geist, ohne die Gewißheit seiner Wirksamkeit im Innen- und Außengefüge aller Wesen, zerfällt unser Glaube an die Schönheit der ursprünglichen Natur und unser Auftrag zu ihrer Erhaltung und Verwandlung in nichts zusammen. Doch was der Intellekt noch nicht zu denken vermag: das Herz und die von ihm angeleiteten Sinne können es ihn lehren. „Für Edward loderte die Welt; er sah und hörte in einem einzigen hellen, komplizierten, lebendigen Durcheinander Blatt und Zweig, Blume und Frucht, Sonne und Wind und Kreaturen, die krochen und flogen. Er war betäubt, weder traurig noch froh; er wußte nicht, was er fühlte – nur, daß all dieses da war, und er war es auch."

Weg der Wege

Die erste Anleitung zur Gartengestaltung (meine erste Anleitung!), der allererste Ratschlag auf dem langen Weg an kein Ziel? Es war eine Antwort auf die Frage: Wo fange ich an? Wo schlage ich, in Gedanken oder ganz real, den ersten Pflock auf das (in diesem Fall gar nicht mehr so) unberührte Gelände. Daß es auch ein Einschlagen der von nirgendwo herkommenden Intuition gibt, war in diesen naiven Tagen weder Erlebnis noch Erwartung. Und die Hoffnung darauf, allmählich ganz eigene Rituale des Beginnens entwickeln zu können, war nicht einmal als zartestes Keimpflänzchen existent.

Wo fange ich an? Der weise Rat des erfahrenen Gärtners lautete: „Fang am Ende des Gartens an, damit du jedesmal den Weg durch den ganzen Garten nehmen mußt und aus dem Ganzen dieses Ortes heraus zu Ideen kommst." Was derart in der taufeuchten Novemberwiese entstand, war unerwartet: ein Weg! Es war, symbolträchtig genug, der erste Weg auf dem Weg zu vielen Gärten und, hätte man das Kommende wissen können, es war der Beginn einer besonderen Beziehung zum Weg schlechthin.

„Zur Verhärtung und Unterhaltung der Spazierwege hat man ganz besondere Vorteile in England; in der Mitte werden sie ein wenig erhaben gemacht, so daß kein Wasser darauf stehenbleiben kann; dann haben sie einen rotgelben Kies, welcher durch öfteres Walzen und fleißige Sorgfalt so sehr gehärtet wird, daß der Boden nicht anders ist, als wenn er mit Steinen geplattet wäre und so wie diese von allem Staub und Unreinigkeit abgekehrt werden kann. Außer der Reinlichkeit und Bequemlichkeit im Gehen, welche diese Wege verschaffen, verursachen selbige auch einen ungemein schönen Anblick, besonders, wenn sie sich durch die schönen grünen Plätze hindurchschlängeln und dem Auge die angenehme Abwechslung von schönem Rot und Grün darstellen. Gerade Wege sieht man da nur selten; Mutter Natur, von deren Weise man nicht abweichen will, bildet sie nicht so, sondern gefällt sich in der häufigen Abwechselung und systematischen Unordnung, welche überall herrscht, wenn sie Menschenhände nicht in gewisse regelmäßige Formen einsperrt."

Was Friedrich Justinian von Günderode so neidvoll seufzend in einem Reisebericht vermerkt hat, ist typisch englisch: der Sinn für das große und großzügige Ganze und die ausgeklügelte Realisierung jeden Details. Es ist der Landschaftsgarten, und nicht von ungefähr stehen hier Wege im Mittelpunkt.

Wege. Man kann damit den Garten beginnen. Und tatsächlich fängt der Garten eigentlich als Weg an – Weg der Augen, des Blickens und sofort auch: Weg des Herzens – antipathische Wegverläufe, sympathische Wegverläufe – „so soll es sein, so muß es unbedingt sein!" – „um Gottes willen, so doch nicht!"

Was ist ein Weg? Es gibt die objektiven, die vorgefundenen Wege: Pfade, Gassen, Stiege, Straßen und wie sie noch heißen. Allesamt topographische Fakten, harte Realitäten, was sich vor allem dort erweist, wo das unwegbare Gelände beginnt. Doch auch sie waren – wie alle Wege – Innenleben, Gedanke, Vorstellung, Bild im Bewußtsein eines Menschen (oder einer Planungsgruppe). Und hier beginnt der Weg als solcher, nicht die topographische Realität, sondern der Menschheits-Topos? Und dieser Weg, jede seiner Variationen, jeder Gang von A nach B, ist vor allem eine Entscheidung. Meine Entscheidung. Nur das, was ich anlege, ist der Weg. Und nur indem ich ihm meine anhaltende Aufmerksamkeit widme, bleibt er (m)ein Weg; sobald sie erlischt, gibt es nur eine bunte Menge von Dingen, die den Raum erfüllen. Ein „Hier" existiert dann nicht mehr, kein „Dort" und vor allem kein „Dorthin".

Der Weg hat ein Ziel, das ich wissen kann oder vorübergehend vergesse. Ohne ein solches Ziel ist er kein Weg, ganz gleich, ob es ein sinnvolles, erreichbares Ziel ist oder die bloße Chimäre eines solchen; selbst die scheinbar ziellos gegangene Runde, die an den Ausgangspunkt zurückführt, hat ein sie tragendes, den Gehenden motivierendes „Ziel". Deshalb ist nicht nur, einer sehr sinnvollen Menschenkunde zufolge, der Weg das Ziel, sondern das Ziel auch schon immer der Weg.

Schließlich und als Konklusion des bisher Gesagten, das Paradoxon des Weges: Er liegt zugleich vor mir, nimmt mich in sich auf, und doch ist er schon immer in mir, entfaltet sich ununterbrochen von meinen Gnaden. Dieser Dopplung wegen ist der Weg das Bild der Bilder für den Lebensweg, die menschliche Biographie.

Ein Bild, das nachdenklich stimmen kann. Denn der hinter mir liegende Weg: das bin ich, in der Summe meiner Taten und Leiden, niedergeschrieben (griechisch *biográphein*) im Buch des Lebens. Doch der vor mir liegende Weg auf ein Ziel hin, das ich zumeist verfolge, ohne es zu kennen, das bin auch ich. Auf diesem Weg komme ich mir gewissermaßen selbst entgegen, was frühere Zeiten mit dem geheimnisvollen Wort „Schicksal" bedacht haben. Manche scheinbar spontane Entscheidung, manche Übernachterkenntnis ist hier angesiedelt, und wer ehrlich Rückschau hält, begreift im Nachhinein deren oft tiefe Weisheit.

Und der Garten – wohin hat unser Gedanken-Gang uns geführt? Nehmen wir die Garten-Wege ernst, sie haben es verdient! Die Gewordenen, denn sie erzäh-

len uns mehr über uns selbst, als uns bisweilen lieb sein dürfte. Und die Werdenden, unbeschritten und ungedacht: lassen wir sie mehr als nur Mittel zum Zweck sein, und gehen wir uns auf ihnen entgegen!

Der Charme des Unperfekten

Wie geht das, im Garten und wohl auch sonst in der „Kunst“: als Betrachter Schönheit empfinden, sehen, verstehen? Man muß nach der Klammer suchen! Denn das hat der Gärtner gemacht, als er den Garten anlegte: eine geheime, unsichtbare, aber höchst wirksame Klammer um das spannen, was sein Garten ist. Mehrdimensional wirksam ist diese Klammer, in Raum und Zeit, manchmal bis zur Unkenntlichkeit verwachsen und dann wieder, auch dem Gärtner selbst, der oft schlafwandlerisch sicher seinen Garten bestellt, hell leuchtend sichtbar.

Wer die Klammern sucht, die den Garten zusammenhalten, findet Konventionelles, kopiert nach der Kopie einer Kopie eines fernen Originals, oder Kauzig-Individuelles, höchst einleuchtend seinem Schöpfer, aber von einem ästhetischen Ideal inspiriert, das zu verstehen wir uns vergeblich bemühen. Und dazwischen findet sich die ganze Welt der Gärten. Und die der Parks.

„Spaziergang in Versailles auf den schattigen Alleen um das Schloß. Hier liegt das Geheimnis, alles, was dem Schloß selbst fehlt. ‚Man bewundert und flüchtet‘, sagt Saint-Simon, aber in diesen von den hohen Bäumen verdunkelten Alleen vermag man zu träumen. Die Schönheit Versailles beginnt, wenn man jenseits der großen Wasserfläche bis zu dem etwas vernachlässigten Park hinabsteigt, zu den ungestutzten Bäumen, den Hecken wilder Blüten, den Winden und Brennesseln.“ Julien Greens Tagebuch. Darin steckt der ganze Julien Green, fasziniert von der großen, übermächtigen Weltordnung, vor allem insofern diese religiös und katholisch gedacht ist, doch zugleich auch von ihrem gleißendharten Licht abgeschreckt und ihre Abschattierung suchend. Es ist ein Garten, in dem die starre Klammer einer strengen Idee sich gelockert hat. Die harten Konturen sind gelöst, die gleißende Helle gebrochen, Vielfarbigkeit ist an ihre Stelle getreten.

Das ist nicht jedermanns Gartenproblem, aber diejenigen (Gestalter), die es kennen, kennen es viel zu gut, und es heißt bei ihnen etwa so: Wie breche ich die Linie meiner Gestaltung, wie gewinnt mein (dieser) Garten den Reiz des nicht ganz Durchschaubaren, den Charme des Unperfekten, Unvollkommenen, ohne den ein Mensch nicht und nicht das vom Menschen Gemachte liebenswürdig erscheinen kann. Mit anderen Worten: Wie verstecke ich die Klammer meiner Komposition in den von ihr geordneten Elementen?

Indem man etwa Meister Zufall assistieren läßt! Ein Grundmotiv „im Kopf“, eine Grundgestalt vor dem inneren Auge, geht man in den Garten und „schaut

etwas vage in die Gegend“. Überläßt man sich dann den Willkürlichkeiten der Realität, während man das „Mitgebrachte“ ins Gelände „hineinzusehen“ versucht, ergibt sich manches: eine interessante Linie, vom Griff des Baggers gezogen, ein Kindertrampelpfad, die Zufallsverteilung der Disteln im rohen Boden. Als Formanregungen in unser eigenes Konzept eingebunden, können uns solche Zufälligkeiten vor uns selbst, vor Starr-Sinn und Enge bewahren.

Ähnliches gilt auch für unseren Umgang mit dem zeitlichen Verlauf. Kein Garten, und sei er ein kleines Versailles, bleibt für immer in der ihm zugedachten Form. Wie eine Hefeteig quillt er über den Rand, unregelmäßig, nach den Regeln der in ihm verwendeten Pflanzen und – mit Lust! Mit Lust! Denn was anders ist den Wesen zur Lust, als hemmungslos zu sein, der sie sein müssen. Und so gehen sie aus dem Geschirr! In die Höhe, als Birne, voller Verachtung für den an ihr herumschnipselnden Gärtner. In die Breite, als Schneefelberich, der sich über das kleine Staudenvolk schiebt wie eine Erdlawine. Überallhin, als Mohn, der seine lila Blüten hinter allen Schultern vorbeischiebt, wie es ihm beliebt. Das ist es, worauf Julien Green hingeblickt hat und wovon wir uns über unser starres Konzept hinweghelfen lassen sollten: Lassen wir sie wachsen, folgen wir ihnen auf dem Fuße, bleiben wir beweglich!

Artisten

Erinnern Sie sich an die Fernseh-Varietés der sechziger und siebziger Jahre? An jene flinken Herren oder Damen: Auf dünnen, federnd schwingenden Stäben brachten sie weiße Porzellanteller zum Drehen. Erst einen, dann den zweiten, den dritten und so weiter, bis der erste drohte hinunterzufallen. Dann sprang der Artist zurück und erneuerte dessen Schwung. Mit der Zeit vermehrte sich die Zahl der drehenden und oft gefährlich schwankenden Teller erheblich, und die Anspannung der Artisten nahm bedeutend zu. – Diese Leute waren Gärtner! Nicht etwa in ihrer Freizeit (oder vielleicht doch?). Nein, sie waren Gärtner in einem sehr übertragenen Sinne des Wortes, gewissermaßen symbolische Gärtner.

Woran scheitern die meisten Gartenanfänger? Angenommen das Haus ist fertig gebaut, und alle Zimmer sind eingerichtet. Nun bleibt nur noch, die gelbe

Lehmödnis hinter dem Haus in einen ansehnlichen Zustand zu bringen. Irgendwie entsteht eine Einteilung des Ganzen, und schon bald nachdem Schaufel und Schubkarre ihr erstes ordnendes Werk getan haben, stehen überall und hübsch gleichmäßig verteilt Pflanzen und wundern sich, wie sie dahingekommen sind. Der Gartenanfänger wundert sich auch. Vor allem darüber, wie langsam seine Pflanzen wachsen und wie schnell stattdessen das Unkraut. Noch ist sein Enthusiasmus aber ungebrochen. Denn aller Anfang ist eigentlich leicht. Und reizvoll! Die Schwierigkeiten kommen erst mit der fortschreitenden Zeit. Und mit dem erwachenden Verständnis für die möglichen Probleme. Und so sicher die Zeit fortschreitet, so sicher sucht sich auch das Unkraut seinen Weg. Überall gleichzeitig. Von mußevoller Gartenarbeit ist schon bald nicht mehr die Rede. Was eine persische Glockenblume ist, weiß der Neugärtner möglicherweise recht schnell, ganz sicher aber wird er Quecke, Winde oder Giersch schon bald untrüglich identifizieren können.

Nicht jeder Tellerartist ist ein Gärtner, jeder Gärtner aber sollte Tellerartist sein! In der Vorstellung, auf dem Papier oder mit gestenreichen Worten beim Sonntagskaffee auf der Terrasse darf unser Garten getrost in einem Rutsch fertiggestellt werden. Nicht aber mit Spaten und Pflanzkelle. Mit nur einem „Teller" fangen wir an: Der Nutzgarten bekommt seine Gestalt – ein zweiter kommt dazu – die Obstanlage – ein dritter und vierter – das Rosenspalier und eine Staudenrabatte. Nun aber wird es Zeit, zum schwankenden ersten Teller zurückzukehren. Der Pflücksalat wird gesät, die Zwiebeln gesteckt ... Schaffen wir es noch, einen neuen Teller aufzulegen? Nein? Macht nichts, wir haben doch eigentlich Zeit!

Was in der „Breite" gilt, trifft noch mehr auf die Tiefe des Gärtnerns zu. Einen Garten in den Griff zu bekommen ist eines, ein anderes ist es, seinen Garten zu erhalten (in des Wortes doppelter Bedeutung). Wer auch bei der Ausprägung und Vervollkommnung seines individuellen Gartenstils immer nur soviel an Neuem hinzunimmt, wie die Erhaltung und Stabilisierung des Alten erlaubt, legt auf die Dauer einen weiten Weg zurück. Es ist die Echternacher Springprozession, drei Schritte vor, zwei zurück, sogar umgekehrt – aber, weiß Gott, es ist die angemessenste Fortbewegung auf ein Ziel zu, das es gar nicht gibt: den fertigen Garten!

Quellen des Übels

Es ist aber auch zu schön! Was? Das Immer-so-weiter-Machen. Wie bisher, auf den bekannten, vertrauten, ausgetretenen Pfaden. Aber, und das darf nicht blasphemisch verstanden werden, da ist Gott vor. Ein Mittel, dessen er sich neben anderen bedient, nennen wir „Katastrophe“: Dieses Wort entstammt der griechischen Tragödie und bezeichnet „die endgültige Wendung zum Schlechteren“. Zwar waren die kleinen und großen Katastrophen unseres Lebens aus der Ferne der Erinnerung gesehen gar nicht immer das Schlechteste, was uns passieren konnte, aber weh tat es eben doch!

So wird auch der Gärtner empfunden haben, den uns Heinrich von Kleists Fabel von der „Bedingung des Gärtners“ vor Augen führt. Zu einer Zeit, als die Flure noch nicht bereinigt und Wasser noch in seinen eigenen, faszinierenden Bahnen floß, gehörten Überschwemmungen zu manches Landbebauern frühjährlichem Brot. Zu dieser Zeit also weigerte sich Kleists Gärtner, für seinen Herrn außerhalb des Gartens der Überschwemmung zu wehren: „ ‚Deinem Dienst habe ich mich nur innerhalb dieser Hecken und Zäune gewidmet. Außerhalb dieses Bezirkes zu gehen, das kannst du nicht von deinem Diener verlangen.‘ Der Herr schwieg.“

Der Herr schweigt immer. Das Schicksal allerdings schweigt nicht und handelt vor allem außerordentlich eindrucksvoll. „Drei Frühlinge kamen und verheerten, mit ihren Gewässern, das Land.“ Und der Gärtner? Er „triefte von Schweiß, um dem Geriesel zu steuern: umsonst; der Segen des Jahrs war verderbt und vernichtet“.

Gärtner und andere Eifrige pflegen bei den regelmäßig eintretenden Katastrophen häufig zu schwitzen. Es ist ein ungesundes Schwitzen und geht gar nicht zwangsläufig mit gleichzeitiger körperlicher Anstrengung einher. Es ist das Schwitzen dessen, den die Verhältnisse zwingen, außerhalb der Bahnen des Gewohnten und Geläufigen, „außerhalb dieses Bezirkes zu gehen“. Wir schwitzen angesichts des Unvorhergesehenen, weil unser geistig-seelisch-physisches Instrumentarium nicht auf plötzliche Wendungen des Geschicks vorbereitet ist. Es ist, etwas übertrieben gesagt, der Schweiß des Selbstgerechten – und der stinkt wahrhaftig zum Himmel.

Bei den richtigen Katastrophen sieht die Sache allerdings ein wenig anders aus. Wessen Haus und Garten im Oderbruch unter Wasser gelegen hat, oder wer als gewerblicher Obstgärtner durch vergangene Klimakapriolen vor dem Ruin steht, für den sind diese Zeilen nicht gedacht. Wohl aber für uns, deren Ehrgeiz auf das Größte, Schönste und Seltenste geht und denen eine launige Witterung einen großen Strich durch die Kalkulation machte. Und was tun? Entweder den Katastrophen entgegengehen, dahin, wo das Übel entspringt. „Hier türm' ich Wälle von Erde umsonst: an der Quelle kann ich den Strom mit einem Fußtritt verstopfen." Oder: die Katastrophe nicht als die Wendung zum Schlechteren, sondern nur zu etwas anderem sehen lernen. Denn in jedem echten Problem liegt die Chance für ungeahnte Lösungen und das gleich im doppelten Sinne des Wortes!

Abschied

Über das Bedauern, einen lange gepflegten Garten lassen und verlassen zu müssen, kann ausführlich geschrieben werden. Doch über dieses Bedauern sollte man dessen Antipoden nicht vergessen: gemeint ist die Freude des Neubeginnens, noch mehr: die Vorfreude auf das baldige Beginnen – morgen, oder vielleicht schon gleich, wenn der begonnene Umzugskarton ausgeräumt sein wird. „Ich gehe mal ein paar Schritte an die Luft ... verschnaufen ... abschalten ..." So oder so ähnlich klingt das dann womöglich, wenn sich die eine Hälfte eines zu fünfzig Prozent aus Gartenfreunden bestehenden Paares aus dem Hause schleicht.

„Man schaut in den verwilderten Garten und überlegt, was sich daraus machen ließe, man findet Obst unter den Bäumen und späte Blumen in den Rabatten, verwildertes Erdbeergeschlinge mit verspäteten Früchten und Kastanien, die blankbraun aus geborstenen Hülsen leuchten. Man denkt sich ein fleißiges und verträgliches Leben und hat Lust zu guten Vorsätzen." Das ist es! Hermann Hesse, der Dichter des vielleicht schönsten Gedichts deutscher Sprache über Enden und Neubeginnen („Stufen": „Wie jede Blüte welkt und jede Jugend ... "), dieser feinsinnige Mensch war auch ein leidenschaftlicher und begnadeter Gärtner. Er wußte, wovon er sprach, vor allem wenn es um Komplettumzüge ging. „Es gibt nichts Häßlicheres als das Verlassen eines Hauses, in dem man jahrelang gewohnt und gearbeitet hat. Da standen in zwei langen, stolzen Reihen meine roten Malven, eine mächtige Allee, die ich alle aus Samen gezogen hatte und aus deren Samen ich mir eine ähnliche Pflanzung am neuen Wohnort zu ziehen gedachte. Ausziehen ist kein Vergnügen, es ist sogar scheußlich. Aber die Dinge haben zwei Gesichter, und so widerwärtig das Ausziehen ist, so hübsch und amüsant ist das Einziehen."

Was macht den Einzug in den künftigen Garten so reizvoll? „Man denkt sich ein fleißiges und verträgliches Leben und hat Lust zu guten Vorsätzen ..." Hier muß man aufhorchen, denn da breitet einer unentgeltlich geheime Rezepte des Glücklichseins vor uns aus. Die Neubeginnensfreude ist eine natürliche Tochter jenes gewaltigen Prinzips Hoffnung, das zu stärksten Motoren der menschlichen Lebensleistung überhaupt zählt. Denn, so sagen wir uns und wollen es gerne glauben, von jetzt an wird alles anders! Nicht in dem, was uns von außen geschickt werden wird – das kommt, wie es kommt. Aber was unsere eigenen Taten betrifft! Ein neues leeres Blatt wird aufgeschlagen, und der schöne Schein des unschuldigen Anfangs breitet sich über uns aus. Und auch das ist einmal mehr ein Widerschein des einstigen Garten Eden.

Doch über aller Realsymbolik wollen wir die handfesten Freuden des Neugartens nicht vergessen, sei es, indem wir in einem übernommenen Garten nach dessen großen und kleinen Schätzen stöbern. Oder sei es, daß wir von jetzt an nicht mehr mit irgendeinem vorgegebenen Grundmuster schlecht und recht leben müssen, sondern nach Herzenslust endlich einmal nur noch unserem Planen Raum geben dürfen. „Wohlan denn, Herz, nimm Abschied und gesunde!"

An der südlichen Grenze des Gartens

Jede Pflanze trägt ihre eigentliche Heimat in unseren Garten. Zwar wächst so mancher Gartengeselle auch in hiesigen Breiten wild oder verwildert, untrügliche Zeichen aber verraten, wohin es ihn wirklich zieht. So der Wermut. Über seinem silbriggrauen Laub dampfen an den heißesten Tagen des Jahres mediterrane Gefühle auf.

„Schon nach wenigen Schritten überwältigt uns der Duft der Wermutbüsche. Ihr Saft gärt in der Hitze und verbreitet über das ganze Land einen Duftäther, der zur Sonne steigt und den Himmel schwanken macht."

Das schreibt der in Algerien geborene französische Schriftsteller Albert Camus, der den „Mythos von Sisyphos“ als das Schicksal des modernen Menschen umgedeutet hat. Camus sah das Leben des einzelnen, sterblichen Menschen als ein durch und durch absurdes an. Doch Camus verzweifelte nicht. In seinen Essays „Tipasa“ und „Hochzeit des Lichts“ gewährt er Einsicht in die Herkunft dieses Optimismus: Es ist der stets erneuerte Gang zu den Quellen der Kraft; dem Licht und dem Meer, in der Landschaft Tipasas. Tipasa, die antike Ruinenstadt in Algerien, ist Camus' „Orplid“, eine physisch existente Traumlandschaft. „Im Frühling wohnen in Tipasa die Götter. Sie reden durch die Sonne und durch den Duft der Wermutsträucher, durch den Silberküraß des Meeres, den grellblauen Himmel, die blumenübersäten Ruinen und die Lichterfülle des Steingetrümmers. Zu gewissen Stunden ist das Land schwarz vor lauter Sonne. ... Hier überlasse ich anderen, an Maß und Ordnung zu denken, und gehöre ganz der ausschweifenden Ungebundenheit der Natur und des Meeres.“ Unversehens haben wir gerade die Grenze des Gartens überschritten. Denn was anderes, als menschliches „Maß und Ordnung“ ist – auch noch im wildesten Naturgarten – die Klammer, die den Garten zusammenhält, mit der wir ihn zusammenhalten? Lösen wir diese unsichtbare, aber zwingende Klammer auf, löst sich der Garten selbst auf und wird bloße „ausschweifend ungebundene“ Natur. In Tipasa löst sich der Garten im Licht und im Ätherduft des Wermuts auf. Kein besseres Bild für diese „südliche“ Auflösung der menschlichen (Garten-) Ordnung ließe sich finden, als die Beschreibung der kräuterüberwucherten Tempelstätte Tipasa.

Die Erfahrung eines „kleinen Tipasa“ kann auch der mitteleuropäische Gärtner bei Ostwind im Juli (oder auch im Februar) machen. Dann ist die Luft trokken, das Licht übergleißt alle Form und Struktur, die wir so mühsam und liebevoll in unseren Garten geprägt haben. Alle Pflanzengestalten lösen sich vor unserem Blick ebenso in „schwarzem Licht“ auf, wie ihre harmonische Zusammenstellung. Dann kann es geschehen, daß wir unwillkürlich den Spaten beiseite legen und unsere Gedanken wie unsere Augen zu blinzeln beginnen. Der Nutzen, ja selbst die Schönheit verschwindet und macht einem losgelösten Träumen Platz.

Es ist das Erlebnis der südlichen Grenze des Gartens – es ist unser Tipasa.

Warum Gärtner, ist das Leben nicht schwer genug?

War das erste Kapitel dem Beginn gewidmet, soll uns jetzt beschäftigen, was danach kommt. Das Schwere! Denn Anfangen selbst ist nicht schwer, auch wenn die bekannte Redensart das Gegenteil behauptet. Denn der Anfang steht unter dem besonderen Schutz der Unkenntnis, der Naivität! Erst wer zu ahnen beginnt, was da alles auf ihn zukommt – Enttäuschungen, bittere Einsichten, Leiden und Erschöpfungen –, für den beginnt die große Durststrecke des Gärtner-Werdens. Jetzt ist erneut die Frage nach dem „Warum?" erlaubt. Warum bleibt man dran, was trägt uns durch das Tal der Tränen, kurz: Welches sind gerade unsere tiefsten Motive auf dem langen und beschwerlichen Gärtnerweg?

Natürlich, da ist der *Selbstversorger*. Den kennt die Welt schon lange, obwohl sie ihn zumeist Bauer genannt hat. Das war einmal existentiell und ist es natürlich auch heute noch. Brotjob. Zwang. Eherne Notwendigkeit. Nach Kriegen und in Zeiten bitterer Armut hat dieser Gärtnerzweig regelmäßig Konjunktur, aber auch bei den Suchern nach verlorener Zeit und abhanden gekommener Gesundheit. Bio-Gärtnern heißt das dann etwa, und nicht wenige haben sich dabei den Virus „Garten" geholt.

Einen Gipfel auf dem Weg zum Gemüse- und Obstgarten hat der Genießer erklommen. Er ist buchstäblich auf den Geschmack gekommen. Kulinarischer Genuß krönt seine gärtnerischen Mühen und umgekehrt, denn das sinnliche Vergnügen des Essens bietet seinem Bücken und Jäten und Gießen ein erleichterndes Vorausvergnügen von hohem Wert.

Gartenarbeit ist *körperliche Anstrengung!* Leider, sagt der gekrümmte Berufsgärtner mit dem kaputten Kreuz und den rheumatischen Händen. Aber der Kopfarbeiter mit privatgärtnerischer Wochenendbetätigung? Leider, sagt manchmal auch er, vor allem, wenn er hohe Gartenziele vor Augen hat, aber wenig Zeit und Muße, sie zu erreichen. Wer aber Ziele, Zeit und Muße hat – und daß man sie hat, dafür ist letztlich jeder selbst verantwortlich –, und wer in seinem täglichen Muß nicht übermäßig mit den Händen schuftet, der entdeckt mitunter den Genuß der Anstrengung vor allem dann, wenn sie einfach, also gedankenlos daherkommt. „Laßt mich mal machen", sagt der dann und hackt und gräbt und senst drauflos, sich in der Arbeit verlierend – um sich am Ende wiederzufinden.

Wobei wir ganz zwanglos bei der Gartenarbeit als Selbst-*Therapie* angekommen wären. Hier kann beinahe alles geheilt werden, was die Seele aus dem Lot zu bringen vermag. Auch wenn der Rücken dabei schmerzt und scheuert, Herz und Kopf des Willigen werden im Garten problemlos wieder eingerenkt. Hier lernt der grobe Klotz Behutsamkeit und der Empfindsame beherztes Zupacken. Vertrocknete Seelenbezirke werden gründlich gewässert, Wildwuchs wird eingedämmt und beschnitten. Antriebslose lockt die aufblühende Lebendigkeit der Pflanzen, starren Pedanten setzt sich der Gaukler Schmetterling auf das Revers – kurz: In der Apotheke Garten findet jeder sein Heilmittel, fremde Hilfe nicht ausgeschlossen!

Wer den Garten weniger fürs Tun als fürs Lassen und *Nichtstun* braucht, wird, ein wenig Verwilderungs-Intelligenz in der (auch hier notwendigen) Pflege vorausgesetzt, unbedingt fündig. Hinter Gartenhecken ist gut Verstecken vor der Welt. Garten ist auch und gerade heute Schutzraum, Insel und letztes Refugium – wir müssen nur wissen wie.

Sodann, das größte aller Themen: die *Liebe!* Der Garten ist d i e Liebeslaube schlechthin und kann als solche eingerichtet, erhalten und genutzt werden. Die frisch und jung Verliebten gehen in fremde Gärten, finden sie und sich darin instinktiv. Philemon und Baucis aber! Die werden gemeinsam im und mit dem Garten alt – wenn das denn heute überhaupt noch geht!

Und das *Gestalten* selbst! Durch alle Bereiche, mit allen Materialien. Gesamtkunstwerk Garten. Intellektuelles Terrain. Ununterbrochene ästhetische Herausforderung. Nie statisch, denn die Palette des Garten-Malers ist selbst lebendig, beweglich, kein Beruhigen ist hier zu haben: Gott sei Dank, denn die kreative Unruhe ist es, die alle Gestalter immer aufs neue umtreibt.

Und schließlich: der Garten als Fokus der *Naturbetrachtung*, Mikroskop für das Kleine, fürs Kreuchen und Fleuchen, Wuseln, Wieseln und Wurzeln der Wesen, mit Krallen, Schlingen, Flügeln oder Fühlern. Nach Oben, ins Umfeld, Wind und Wetter, Sonne, Mond und Sterne – Tag und Nacht – eingefaßte Natur im Garten, zum Greifen und Begreifen nah.

Jedem der Garten eine Heimat. Jedem eine eigene Heimat! Und es gibt der Motive noch mehr!

Gemüse

Die einen finden den Stafettenlauf des olympischen Feuers sentimental, den anderen läuft ein Schauer über den Rücken, wenn sie nur daran denken! Der darin liegende Bildgehalt jedenfalls illustriert eine große Zahl geschichtlicher Vorgänge: von Hand zu Hand geht eine stets gefährdete Flamme, immer bereit zu verlöschen, wenn nicht Menschen dafür eintreten.

Mutmaßlich der älteste und ehrenwerteste Stafettenlauf der Menschheitsgeschichte ist die Z u c h t, der jahrtausendealte Prozeß gezielter und bewußter Auslese und Veredelung des Vorgefundenen: Tier und Pflanze, Auerochse oder

Einkorn. Diese präolympische Disziplin, ein unspektakulärer Wettstreit aller Zeiten und Völker, wird manchmal gewußt und gesehen, selten aber in seiner ganzen Bedeutung beachtet und gewürdigt.

„Der Salat in seiner heutigen Feinheit und Veredlung hat einen viel längeren Weg der Entwicklung von der Ausgangspflanze zurückgelegt als das Auto von der ersten Karre bis zu seiner neuzeitlichen Form. Nur wenige Menschen achten die Mühe und Größe der gärtnerischen Kulturleistung, die für die Menschheit unvergleichlich bedeutungsvoller sei als der schönste Wagen." So gesagt von dem alten Schloßgärtner Bongart in dem schönen Buch „Der glückselige Gärtner" von Friedrich Schnack, einem Schriftsteller, dem wir viele einfühlsame Naturbetrachtungen verdanken.

Nimmt man in der angemessenen Stimmung die Folge der Gemüsepflanzendarstellungen dieses Buchs auf, gewinnt das Bild des züchtenden Menschen zunehmend an Kontur und Farbe. Hinter den Namen – *Chinesische Winterrose* oder *Holsteiner Blut* erscheinen die Geschichten und Gestalten, die Beharrlichkeiten, die Geduld und das unscheinbare Glück derer, die in Jahren und Zyklen zu denken gelernt haben. Sie sind und waren allesamt Läufer und Fackelträger, Diener an der großen, über Generationen hinweg bestehenden

Aufgabe, die sie nur deshalb so unbeirrbar verfolgen konnten, weil unmittelbarer Profit bestensfalls Bedingung, nicht Grundlage ihrer Arbeit war.

Züchten bedeutet veredeln. Das damit auch eine innere, seelische Arbeit verrichtet wird, ist vielleicht weniger offenbar. Es hat sehr viel zu tun mit dem Prozeß des Seßhaftwerdens, das „cultivare“ des Landnehmers ist seine Voraussetzung, die Arbeitsteilung und das Werden der urbanen Lebensformen sind seine späten Folgen. Züchten differenziert das Einfache, verfeinert und spezialisiert es. In allen Bereichen – wenn es gelingt!

„Und doch hielten die meisten Salatmischerinnen noch bei den geschmacklosesten Zubereitungsarten und Manschereien, bei den rohesten Mitteln an Altem fest. Es ist erstaunlich, wie geschmeidig und wandlungsfähig der Züchter, wie dürftig und rückständig aber der Verbraucher im allgemeinen sei.“

Stecher-Sepp

Über Torf ist in der Gartenliteratur schon viel geschrieben worden. Und viel geschimpft. Auch der Hörtacher-Sepp wird sein Leben lang über den Torf geschimpft und geflucht haben. Und doch!

„Dort hinten hatte der Hörtacher einen Torfstich. Die Torfziegel wurden mit einem eigens geformten Spaten aus dem satten, schwarzen Grund gestochen, der etwa die Konsistenz eines sehr festen Puddings hat. Die frisch gestochenen Torfziegel sind schwer vor Feuchtigkeit. Die eigentliche Arbeit machte der Stecher-Sepp selber und allein. Er war ausgemergelt, aber ungeheuer kräftig. Der alte Stecher-Sepp stand da und stach, scheinbar langsam, aber in der Stetigkeit der Arbeit doch unbemerkbar rasch, Ziegel für Ziegel heraus, mit eingeschliffenen Bewegungen, die sich in den Jahrzehnten, in denen er es machte, von selber als die zweckmäßigsten herausgebildet hatten, stach, schleuderte den Ziegel, tat einen Schritt, setzte an, haarscharf an der Kante den nächsten, zwei, drei Stunden hintereinander.“

Herbert Rosendorfer hat natürlich nicht den Gärtnertorf im Blick, wenn er in seinem Roman „Vier Jahreszeiten im Yrwental“ dem Hörtacher über die Schulter schaut. Dessen Torfziegel, so Interessantes sich auch im Garten mit ihnen machen ließe, dienten den Bauern im Tal als Brennmaterial oder in der Kurklinik zu einer Moorpackung. An die Behaglichkeit eines im Garten verbrachten Samstagnachmittags etwa wagt man im Torfstich vom Hörtacher erst gar nicht zu denken. Alles, was es hier zu geben scheint, ist Schweiß und Fron. Und doch!

Jeder von uns kennt seinen ganz persönlichen Torfstich. Den anstrengendsten Teil der Baumschullehrzeit verbrachten wir im Solitärquartier. Der Vorarbeiter, ein schmächtiger Apulier, war kurz vor der Pensionierung. Sein Kreuz war es auch. Doch während wir Greenhorns beim Ballieren in allen Tonlagen ächzten, schien bei ihm der Spaten beinahe von alleine und ohne jeden Widerstand zu arbeiten. „Scheinbar langsam, aber in der Stetigkeit der Arbeit doch unbemerkbar rasch." Hier war ein Meister am Werk! In der Luft lag ein kaum merklicher Hauch von gelassener Zufriedenheit. Etwas Belustigung auch: über den Übereifer der Jugend, ihre groben Bewegungen und der "Was-willst-du-Welt"-Mentalität. Solche Momente des Wohlseins haben die körperliche Anstrengung zur Bedingung. Es ist eine ursprüngliche Freude auch an der beschwerlichsten Arbeit. Es ist der Genuß an der gelungenen Bewegung, der Stolz über die Vervollkommnung auch des schlichtesten Gewerks! Doch im Zeitalter der Maschine haben der Stecher-Sepp und seinesgleichen ausgewirtschaftet. Seine Rückenschmerzen kommen höchstens noch vom vielen Sitzen. Oder sie sind – denn womöglich ist er längst arbeitslos geworden – nur noch psychisch bedingt. Allerdings: Der Schmerz ist annähernd der gleiche geblieben. Dafür ist die Befriedigung am Tagwerk nicht einmal mehr halb so groß. Wer aber, sei es zum Vergnügen oder von Berufs wegen, in der Erde graben darf, bewahre sich den Blick für den Reichtum, den körperliche Anstrengung ihm gewährt: ein Königreich für einen Berg Mutterboden, eine Grabefläche, ein Sensenfeld!

Das vergessene Mistbeet

In dem Kreis der von mir bewunderten Menschen nimmt Leutnant Lagerlöf einen herausragenden Platz ein. Zwar handelt es sich nur um eine literarische Bekanntschaft – dennoch: Gälte es die Krone der Liebenswürdigkeit zu verleihen, ich setzte sie dem schwedischen Gutsbesitzer auf das Haupt.

Auch „Mamsell Lovisa Lagerlöf liebte und bewunderte ihren Bruder, den Leutnant, das war eine ausgemachte Sache." Gleichwohl hatte der ihr gründlich und nachhaltig die Stimmung verdorben. Denn Leutnant Lagerlöf war ein rühriger Mensch. Der kleine Familienbesitz Mårbacka in Südschweden wurde unter seinen Händen zu einer leistungsfähigen und modernen Landwirtschaft ausgebaut. Dabei machte er auch vor den Gartenanlagen nicht halt, mit deren altmodischem Charme Mamsell Lovisa groß geworden und die ihr ans Herz gewachsen waren. Dieser kleine Kummer wurde allerdings von einem ausgewachsenen Schicksalsschlag überschattet. Noch kurze Zeit zuvor lebte das alte Fräulein in der glücklichen Erwartung einer späten Heirat. Als sich der Bräutigam im letzten Moment zurückzieht, stürzt Mamsell Lovisa in tiefe Depression. So steht es um sie, als der Bruder in den Gartenanlagen Revolution zu machen beginnt. Ein alter Gärtnermeister wird zu Rate gezogen, und schon bald steht kein Stein mehr auf dem anderen, kein Baum mehr auf seinem Platz. Schließlich, die große Anlage ist vollendet, und es fehlen nur noch die Applikationen, hinterläßt der Gärtnermeister noch einen großen Mistbeetkasten, viele junge Pflänzlein, und nimmt seinen Hut.

So liebenswert Leutnant Lagerlöf nun auch war, ein aufmerksamer Pflanzgärtner ist er nie gewesen. Kaum steht er in der Verantwortung für die jungen Setzlinge, hat er ihr Wässern und Schattieren schon vergessen. Jetzt tritt die Mamsell auf den Plan. Weil es niemand anderes tut, rettet schließlich sie die darbenden Geschöpfe. Dem zu spät ans Mistbeet geeilten Leutnant geht es wie dem Hasen: Die Schwester war schon da! Und siehe da, der Mann entdeckt durch solch glücklichen Umstand die Garten-Therapie. Fortan wird Lovisa mit dem Pflanzkasten alleine gelassen: „Es war ganz sonderbar. Alle außer ihr vergaßen das Mistbeet vollständig, niemand sprach davon, niemand kümmerte sich darum. Wenn sie nicht gewesen wäre, so würde alles, was darin war, zugrunde gegangen sein."

Im größten Unglück begegnet Mamsell Lovisa einer tragenden Säule des Gärtnerglücks – der Sorge! In der Sorge, die oft zunächst im Gewand der Sorgfalt daherkommt, verlieren wir unsere eigenen Kümmernisse aus dem Bewußtsein und richten uns mit jedem geretteten Pflänzchen selbst auf. So auch die Mamsell. „Leutnant Lagerlöf brauchte später niemals einen Obergärtner auf Mårbacka anzustellen. Mamsell Lovisa hatte das Wennerviksche Talent geerbt, und sie übernahm die Pflege des Gartens. Die Blumen waren ihre vertrauten Freunde. Sie liebten ihre Pflegerin, wie diese sie liebte. Die Menschen wunderten sich, wie sie es machte, daß ihre Blumen blühten und glühten wie nirgends sonst im weiten Umkreis. Keiner wußte, daß sie sich ihre Farben von Mamsell Lovisas entschwundenem Glückstraum borgten."

Unauffindbar und beneidenswert

Neid ist gewiß nicht die schönste Eigenschaft der menschlichen Seele, aber mitunter ist er einiger Aufmerksamkeit wert. Wen beneiden wir, wenn wir denn, und sei es auch noch so harmlos, einmal neidisch sind? Wen beneiden wir, und vor allem: was neiden wir ihm? Reichtum, Ansehen, Ruhm und Macht? Das sind die lauten, häufig beneideten Glücksgüter, jene, die im Blickpunkt der öffentlichen Aufmerksamkeit stehen. Aber ihr Besitz wird leicht schal, und mit Zufriedenheit haben sie nur wenig zu tun. Sorge um ihren Erhalt, Angst vor dem Verlust rauben uns allzu leicht den Schlaf.

Auch Gesundheit und Schönheit mögen Neid erwecken, aber wohl eher bei chronisch unzufriedenen Naturen. Nein, wirklich beneidenswert sind jene, die sich ihre Zufriedenheit gegen den materialistischen Hauptstrom der Zeit erworben haben. Ihr Glück allerdings ist weit unauffälliger als das scheinbare Glück derer, die im Rampenlicht stehen. Dabei wird es in aller Regel ebenso schwer erworben und erhalten wie das Vermögen der Reichen. Ja, es ist überhaupt erst ein „Vermögen" im besten Sinne dieses Wortes. Zwar eröffnet auch der Geldbesitz die Möglichkeit freier Entfaltung. Daß sich da aber überhaupt etwas von einigem Interesse entfalten kann, bleibt Innensache, Anstrengung auch und ist für kein Geld der Welt zu erwerben.

Ein im dargestellten Sinne beneidenswert Vermögender ist der englische Ornithologe Roger Lovegrove. „Man wird es wohl entschuldigen, mit Sicherheit aber verstehen können, wenn jemand immer dann, wenn der Alltagslärm und die häuslichen Pflichten rufen, zufällig nicht erreichbar ist und statt dessen einen Großteil seiner Zeit damit verbringt, das pulsierende Leben in der Welt der Insekten, Pflanzen und Vögel ungestört in vollen Zügen in sich aufzunehmen."

Lovegroves Vermögen besteht in der Fähigkeit, sich aus der unaufhörlichen Geschäftigkeit der verfließenden Tage herauszunehmen und zugleich in einer anderen, zweckfreien und erfüllenden Tätigkeit aufzugehen: „Ich habe in unserem kleinen Obstgarten einen Platz, an den ich mich in solchen Fällen zurückziehen kann. Dort rauscht der Bach in seinem felsigen Bett vorbei, und ich bin vom Haus aus überhaupt nicht zu sehen, was mir natürlich sehr gelegen kommt. Wenn man hier nicht gestört wird, kann man in einer halben Stunde mehr als dreißig verschiedene Vogelarten sehen oder hören. Es ist wunderschön, hier zu sein, an einem Ort, an dem man sich auf sich selbst besinnen und an alles mögliche oder auch an gar nichts denken kann, und an dem einem doch nichts von dem entgeht, was sich rundherum an außergewöhnlichen oder interessanten Dingen ereignet."

Der wahrhaft Zufriedene ist unauffindbar. Im Garten zum Beispiel, hinter hohen Hecken verborgen, und dem Blick der Geschäftigkeit entzogen. Aber auch wenn unser Garten sich frei der Landschaft und ihren Bewohnern präsentiert: *einen* Ort der Unauffindbarkeit darin sind wir uns schuldig!

Der wahrhaft Zufriedene ist auch hingebungsvoll. Dies lehrt ihn eine geliebte Betätigung. Darin liegt ein Trost für alle, deren Garten die Unauffindbarkeit nicht hergibt. Denn in der selbstvergessenen Hingabe an unsere (Garten)-Leidenschaft sind wir schließlich sogar für uns selbst unauffindbar!

Hier darf ichs sein!

An welchem Ort hört man am besten auf? „Im Garten!" rufen Sie schon von weitem, ohne zu wissen, womit man aufhört und warum, denn der schreibende Gärtner ist leicht zu durchschauen, und seine Gedankenverbindungen sind wenig überraschend. Und natürlich, aufhören möchte man am liebsten im Garten, im lauen Sommer, wenn es auf den Abend zugeht, „on a lazy afternoon", wie der um dieses Adjektiv zu beneidende Engländer sich ausdrücken würde. Aufhören mit allem. Vor allem mit der nichtgärtnerischen Arbeit, die man sich vielleicht aus dem Haus mitgenommen hat. Einen Brief, eine Näharbeit, eine Tüftelei an der stehengebliebenen Taschenuhr. Es ist die Zeit, da der Blick der Schreiber,

Näher und Tüftler, und natürlich der Gärtner selbst, über die Achse des in den Nacken gekippten Kopfes in das Blau des Himmels schweift. Nein, hier wird nicht geguckt, nicht beobachtet, nicht einmal nach innen, kein Nachdenken hat den Platz der Arbeit eingenommen. Es ist nicht einmal ein ordentliches Träumen, mit seinen sehr eigenen, verbindlichen Regeln.

Nein, hier schweift etwas ab. Was? Ich! Nicht „ich", das kleine, im Alltag verstrickte Ich, das sich selbst beinahe nur noch am Widerspruch der vielen Nicht-Ich-Dinge erlebt. Das schweift gewissermaßen per definitionem nicht. Nein, alleinschweifendes Wesen, am Nachmittag, im Sommer, im Garten, ist das über dem kleinen Ich schwebende größere „Ich". Warum schweift es und wohin?

Es schweift, weil es im Garten ist, an einem lauen Nachmittag, im Sommer, und weil sich hier, im Hag, im geschützten Raum zwischen Muß und Muß, der Bodensatz des Alltags absetzt. Die Börsenkurse? Der kaputte Anlasser? Ein Fauxpas unter Nachbarn? Ach ja, da war doch mal was. Was nur? Das Ich schweift über die Landschaft des Gartens hinweg, streift die samtene Rosenblüte, und die Nase schweift gleich hinterher. Und wie sich die Rosenduftspur schwächer werdend verliert, verliert sich auch der fade Dunst der täglichen Routine. Das größere Ich, die innerste, unbestechlichste Instanz, deren Existenz oft nur noch als namen- und bezuglose Unzufriedenheit an die Oberfläche des Bewußtseins stößt, hält im Garten, am Nachmittag, im Sommer, im Abschweifen seiner selbst inne, während das kleinere „ich" den Faden verliert, in den es sich selbst so gerne verstrickt. Erstaunt blickt „Ich" dann um sich. Im Garten. Im Hag. In jenem einzigartigen Raum des Gleichgewichts von innen und außen, Natur und Kultur, den wir aus uns herausgesetzt haben und der uns zugleich schützend umgibt. Jenem Ort, der zugleich Bild vom Anfang und Ende der menschlichen Evolution sein kann und demgegenüber wir erstaunt und doch sehr gewiß ausrufen: „H i e r bin ich Mensch, hier darf ichs sein!"

Initiale

Ungeduldige Kinder lieben sie, und zur Prüfung der Bodengesundheit sind sie geeignete und bescheidene Diener: Kressesamen. „Kressen gehören zu den Gartenpflanzen, die man am frühesten aussät. Man säte sie, um einen frühen Ostersalat zu haben, und weil ihr Grün früh die braunen Beete verschönt."

Friedrich Ratzel, der bekannte Geograph, wurde zu Studentenzeiten im Garten mit Frühjahrsarbeiten betraut. Mit einer Tüte Kressesamen versehen, zögerte er nicht lange, um eine sehr persönliche Anwendung mit ihnen zu versuchen: „So säte ich denn, oder es säte ein Wille in mir, der halb Spieltrieb war, ein schön geschwungenes L auf ein noch freies Beet."

Wie das für einen jungen Mann im Frühling durchaus nicht ungewöhnlich ist, war die gesäte Initiale dem schönen Geschlecht gewidmet. Luise hieß die Holde, die vorerst von der geheimen Verehrung noch nichts ahnte. Wohl aber ahnte der Verehrer seinerseits, daß die Laune eines Augenblicks ungewollte Folgen zeitigen könnte: „Da kam mir eine Art Scham über die unzarte Entschleierung eines tiefen Gefühls, verstärkt durch die Zweifel, wie Luise meine Freiheit aufnehmen würde."

Luise war eine verständige und feinsinnige Person. Sie nahm das grüne Kompliment so geehrt wie ob der Öffentlichkeit betroffen, vor allem aber mit dem großen Humor der in sich Ruhenden auf: „Ich frage Sie, was fangen wir damit an, ehe es uns über den Kopf wächst?"

Eine liebenswerte Szene und mehr noch, die symbolische Illustration einer menschlichen Eigenart. Ob es das Tütchen Kressesamen oder irgendein anderes Objekt unserer Welt ist, wir machen mit ihm, was unserem ureigenen Wesen entspricht. Mit spielerischem Ernst oder in ernstem Spiel – wir überlassen uns in der Welt weder dem Zufall noch der bloßen Notwendigkeit; wir bilden sie nach unserem Wunsch und Wesen um.

„Jeder Mensch ist ein Künstler", hat Joseph Beuys das genannt und etwas gemeint, das wir allenthalben, also auch im Garten, mit Augen sehen und mit Händen greifen können. So sind unsere Gärten voll geheimer Initialen. In der Gesamtkomposition, in allen Teilen – und sei es im nüchternsten Gemüsebeet – verbirgt sich der Namenszug des jeweiligen Schöpfers. „Seht, das bin ich", ruft es uns aus allen Gärten der Welt zu, und den will ich sehen, der – wenn er irgend die Tragweite davon begreift – sich über einen Garten lustig machen wollte.

Was aber treibt uns geheime Gestalter zu unserem unablässigen Geschäft? Nun, nichts anderes, als was den guten Friedrich zu dem Seinen getrieben hatte. Was ihn nicht den eigenen, sondern den Namen eines geliebten Wesens in den Gemüsegarten schreiben ließ: Es ist unsere Zuneigung zu irgendeinem „Stück Welt", die so weitgehend ist, daß wir uns selbst hineinschreiben!

Im Garten wird dabei, wie selten sonst im Leben, noch etwas anderes deutlich: Unser Wollen und die Verhältnisse der Welt laufen nur in seltenen Fällen lange und gut in eins. „Was fangen wir damit an, ehe es uns über den Kopf wächst?" diese Frage stellt sich dem Gärtner mit schöner Regelmäßigkeit. Und wer nicht gerade ein Holzkopf ist, fängt dann das einzig Richtige an: Er ändert nicht nur den Garten, er ändert auch sich selbst.

Durchgezwängt

Wer in den Garten geht, trägt manches dort hinein. Ein Tablett mit Kuchen und Kaffee, ein Buch, einen Liegestuhl und Gartengeräte sowieso. Das alles sind jedenfalls anschau- und greifbare Ein-Tragungen in unser Gartentagebuch. Doch wir nehmen ständig auch Unsichtbares mit: unser Lebensalter zum Beispiel, Kindheit, Lebensmitte, Alter – am seltensten trifft man wohl die Jugend im Garten an. Und wenn, dann selten gärtnernd. Mancher Heißsporn kuriert dort vielleicht die ersten Blessuren, die ihm der Lebenskampf eingetragen hat. Manche Melancholie schleicht zwischen Blüten und Bäumen einher. Mancher Wille zur Tat erarbeitet sich mit Spaten und Hacke, Sauzahn und Kompostsieb eine erste eigene Weltanschauung: naturgemäß grün grundiert, rot kontrastiert, möglicherweise schwarz eingefaßt und idealerweise golddurchwirkt. Die Früchte, die dort geerntet werden, sind selbstverständlich „biologisch“, wenngleich, ihrer ideologischen Verpackung wegen, nicht selten „ungenießbar“. „Laß doch der Jugend ihren Lauf?“ Unter allen Umständen! In einem allerdings macht der Jugend im Garten so schnell niemand etwas vor: Verliebtsein im Garten kann keiner so gut wie sie: „Wir schlenderten ganz langsam durch den Hofgarten. Da sagte er plötzlich, wir könnten doch gut in den Garten vom Museum gehen, er habe da oft gesessen und gezeichnet, es sei so schön still und schattig dort. Ich willigte natürlich ein, und durch Jasminbüsche, die über und über mit Blüten beladen sich uns entgegendrängten, zwängten wir uns in das verwunschene Paradies. Alles blühte; und eine Feierstille herrschte. Unter einem Gebüsch von Goldregen und Flieder stand eine Bank. Dort setzten wir uns, und ich erzählte ihm von Italien. Ich hatte mich ganz in Begeisterung hineingeredet. Als ich aufhörte, war ein Augenblick der Befangenheit zwischen uns. Da fühlte ich plötzlich seinen Arm um meine Schulter und einen schnellen Kuß auf meiner Backe. Ich erschrak und war wirklich etwas befremdet, innerlich empört. ‚Wie schön Sie sind, und die einzige, die mich versteht.’ Ich kam wieder zur Besinnung und stammelte verlegen etwas daher. Dann hoben wir unsere Sachen auf und gingen stillschweigend aus dem Garten heimwärts.“

Ach! Die erste Liebesbezeugung August Mackes gegenüber seiner späteren Frau Elisabeth konnte keinen geeigneteren Ort finden, als den blühenden Museumsgarten in Bonn. In diesem kurzen Bericht findet, wie sooft, ein tiefes Geheimnis seinen realsymbolischen Niederschlag: die beiden jungen Menschen „zwängten sich in das verwunschene Paradies. Alles blühte; und eine Feierstille herrschte“. Wo die Zuneigung solche unschuldigen Formen annimmt, öffnet sich ein kleiner Spalt in der Mauer, die uns vom Garten Eden trennt. Das Glück dieser Feierstunde kann nicht von Dauer sein – man muß den verzauberten Ort verlassen. Doch: „Der stille Garten hat uns noch oft wiedergesehen, er winkte uns aus dem Straßengewirr wie ein Eiland unseres Glücks.“

Einen Namen haben

„Das Ding muß einen Namen haben“, so mögen Erfinder denken oder die Hersteller eines neuen Schokoriegels, bevor sie sich der daraus erwachsenden Pflichten widerwillig unterziehen. Dabei war das Namengeben die erste unseren Stammeltern anvertraute Aufgabe. Ob sie dabei Vergnügen empfanden, bleibt allerdings ungewiß. Die nordamerikanischen Indianer dagegen (Sie kennen das: „Der mit dem Wolf tanzt“) hatten bestimmt ihren Spaß, wenn sie den Mitgeschöpfen Namen gaben: „a-big-voice-for-its-size“, hieß das dann etwa und meinte mit treffender Bewunderung den allbekannten Zaunkönig.

„Der Zauber der Landschaft, der sie hier umfing, ließ sie ihre Gangart verlangsamen und bedächtig Schritt vor Schritt setzen. Zu ihren Füßen leuchtete es gelb von Chrysanthemen, von Hügeln und Abhängen grüßten Espen und Silberpappeln. Zierliche Brücken überspannten murmelnde Bäche, schmale Zickzackpfade kreuzten breite Hauptwege, die zu Mondterrassen hinaufführten.“ Soeben lustwandelten wir einige Schritte durch einen chinesischen Garten. Nachzugehen in dem Roman „Der Traum der roten Kammer“, einem Klassiker aus dem China des achtzehnten Jahrhunderts. Auch wenn die „Rote Kammer“ nicht unbedingt mein Buch geworden ist, eines habe ich ganz sicher gelernt: die Chinesen sind – sind sie es noch? – Meister des schönen Namens. So waren wir gerade im „Garten der gesammelten Düfte“. Doch auch der ”Park der Augenweide” hält den Sinnen eine Perlenkette an Lustbarkeiten bereit. An besonders eindrucksvollen Orten regen Inschriften den Betrachter zur Versenkung an: „Auf krummem Pfad durch Dämmerdunkel“ heißt es da etwa, „duftendes Rot und nephritenes Grün“ oder „durch Düfte hindurch“. Doch was dem romantisch gesonnenen Geist als lyrische Lebenslust erscheint, hatte mitunter einen sehr prosaischen Hintergrund. Wenn eine Kultur solche „Lyrismen“ erst einmal gewohnt ist, wird das Dichten leicht zum Muß. Das bekam auch der Jüngling Pao Yü zu spüren, wenn er sich, unter der unwirschen Kritik seines fürstlichen Vaters, zum Versemachen gezwungen sah.

Nein, zur Namengebung in unserem eigenen Garten lassen wir uns bestimmt nicht zwingen. Aber vielleicht anregen! Ob es dann möglicherweise heißen wird: „Ort der geräucherten Düfte“ oder „von Wind und Sonne umspielt“, wo in der prosaischen Wirklichkeit der Grillplatz und die Wäschebleiche gemeint sind, bleibt jedem Gartenbesitzer freigestellt. Viel wichtiger als das Was und Wie der Sache ist ihr bloßes Das! Denn wer etwas benennen will, muß es zuvor erkannt haben. Und wer es passend und schön oder auch nur witzig benennen will, muß es gut erkannt haben.

Bezeichnen ist daher – so wie Zeichnen – sehen lernen. Sehen lernen wiederum bedeutet: „sich mit etwas vertraut machen“ (der „Kleine Prinz“ grüßt aus der Ferne!). Womit wir wieder einmal bei dem sind, ohne welches alles bekanntermaßen nichts ist: nämlich bei der Liebe.

Apropos Liebe – und natürlich auch Partnerschaft, Ehe: Warum geht es (man) in chinesischen Gärten ständig rauf und runter? „Auf und ab muß es gehn, über Höhen und Tiefen, das bringt den Geist in Schwung.“ Sic!

Gar nicht trocken

Die Freude über ein gutgeratenes Werk wärmt uns vielfach: beim Tun, beim anschließenden Betrachten und noch einmal, wenn wir den ganzen Vorgang erneut reflektieren. Letzteres muß man nicht unbedingt selbst tun, wurde das nämliche Gewerk von einem Sach- und Sprachbegabten bereits vorbildlich beschrieben:

„Zeitig im Frühjahr, wende ich mich einem Vergnügen zu, das zweifellos quälend mühsam ist und das mir doch subtil erscheint: ich setze eine Trockenmauer.“ Das gibt es also auch. Ein Amateur, also einer, der mit Liebe bei der Sache ist, bereitet uns das Vergnügen, über den Trockenmauerbau zu schreiben. Und der Mann versteht etwas vom Schreiben. Nicht alleine vom Schreiben anderer Leute – schließlich ist Michael Klett Verleger –, auch er selbst vermag das „Trokkene“ saftig und das „Mühevolle“ mit Leichtigkeit herüberzubringen. Auch der Publikationsort ist erwähnenswert: die „Scheidewege – Jahresschrift für skeptisches Denken“, lange Jahr redaktionell von Jürgen Dahl betreut und immer für Originelles gut!

Also Trockenmauern bauen! Am Anfang steht fast immer die äußere Notwendigkeit: „Das Auge wollte Verhalt in dieser Abschüssigkeit, und Terrassen zum Verweilen, Wege und Gartenland, die gegen den Hang Profil haben, sind

allemal wünschenswert." So fängt's an! Aber „der Mensch denkt und Gott lenkt", denn während Michael Klett langsam auf sein Ziel lossteuert, macht sich der Weg dahin selbst zum Ziel! „Mit der Zeit wurde mir das Messen, Klopfen und Fügen immer annehmlicher, Hanggelände gibt es genug, und so gehört diese Beschäftigung zu den obligaten Freuden, deren ich mich im Jahreslauf versichern kann." Schon hier wird dem „Gewerblichen" schmerzhaft bewußt, wieviel der nur privatim Gärtnernde ihm voraus hat. Man spürt, wie – indem Ziel und Tätigkeit zweierlei werden – die darin eingefaßte Zeit ein anderes Maß erhält. Das Annehmliche liegt hier zweifellos im Genuß der einzelnen Gewerkschritte. Zwischen diesen wacht das Ich des Werkenden in einer ganz anderen Art und Weise auf, als es der vorwärts drückende und hetzende Alltag gewöhnlich zuläßt. So gelassen baut der Autor für andere Leute keine Trockenmauern! Und was er für einer sei, erfährt er auch gleich mit: „Es gibt Maurer, die sich beinahe jeden Stein für die Fügung zuschlagen, und solche, die den richtigen suchen und einpassen. So sehr ich das Handgeschick der Steinklopfer bewundere und so notwendig ein Stein gelegentlich mit Hammer und Meißel bearbeitet werden muß, mein Vergnügen ziehe ich aus dem Suchen und Einpassen." Ebendies!

Wer nun glaubt, dem Stuttgarter Mauernbauer sei alles eitel Freude, sieht sich getäuscht. In Kletts altem Wingert geht es zu wie im richtigen Leben: „Die Konzentration läßt deutlich nach. Schon mehrfach paßten die Wacker nicht recht und mußten wieder weggeschleppt werden." Genau so! Wieviel Erschöpfung liegt in mangelnder Konzentration, wieviel mangelnde Konzentration folgt der Erschöpfung. Trockenmauern bauen, Gelände mit Spaten und Schaufel modellieren, große Gehölze plazieren – alle Tätigkeiten, bei denen Schönheitssinn und körperliche Anstrengung zusammengespannt werden müssen, dürfen als Metaphern für die spezifisch menschliche Form der Ausdauer genommen werden. Nicht d a ß etwas gemacht wird, ist entscheidend, sondern w i e es gemacht ist! Denn wenn es auch sonst niemand merkt, jeder von uns weiß nur zu genau, wo er einen verkehrten Stein in die Mauer eingebaut hat!

„Mit einem Mal kommt mir das bisher Gemachte unbeholfen vor, ein Gelump. Grau ist alles plötzlich, das ganze Vorhaben kommt mir lächerlich vor. Warum mache ich das? Aber es hilft nichts, ich muß weiter: Noch einmal abnehmen, sorgsamer erwägen, setzen und spreizen."

Von Stöckle und Bauer, den beiden alten Gärtnern selig, des Klettschen Großvaters, muß noch berichtet werden, Wesen einer anderen, großzügigeren Zeit: „Die Beiden, die sich nicht sonderlich gut waren und sich wohl deshalb in einer offenbar höchst verknappten, dem Zuhörer unverständlichen Knurrsprache verständigten, setzten nun das Gemäuer wieder auf. Schlürfig, schwerfällig, mit unendlich langsamen Bewegungen taten sie das, aber kaum ein Stein, der aufgenommen war, wurde zurückgelegt, und die Mauer wuchs für meine heutigen Verhältnisse wie aufgezaubert."

Gegen diese Form der Könnerschaft stehen heute Technik und Beton. Der „Wildmaurer" im alten Sinne hat ausgedient, und nur der Trockenmauerrenaissance ist es zu verdanken, daß sich eine aussterbende Spezies in die verbleibenden Nischen zurückziehen kann. Demgegenüber stehen die Amateure, eine „junge, dilettantische Bruderschaft, die nur mit Auge, Hand und Verstand ihre Mauern aufführen will. Ihr Tun ist ohne Zweck und Rechnung, sie sucht die geglückte Fügung – also ein musisches Unterfangen". Finden sie, was sie suchen? „In den Wochen, nachdem alles fertig war, ging ich immer wieder zu meiner Mauer. Aber jedesmal wurde die Wirkung meines Mauerbildes schwächer, und ich vergaß die Steingestalten, die sich so hatten fügen lassen. Hatte ich genug gesehen vom Aufbild meines Werks? Alles, was gewesen war, entfernte sich unmerklich. Am Ende war mein schönes Steingefüge einfach eine Mauer. Man kann Glück eben nicht fassen, auch nicht in einer Trockenmauer."

Wer seine Trockenmauer beendet hat, muß sich förmlich davon losreißen. Eine Weile bleibt er wirklich damit verbunden. Es ist eine fast körperlich greifbare Realität, ein Echo der starken seelischen Aktivität im Leib. „Der Bildende bildet sich selbst", heißt das bei Hegel, und wer sich als Gärtner oder sonst beobachtet, weiß, daß irgendwo in uns etwas davon zurückbleibt. Das gilt – sogar „sub specie aeternitatis"!

Wie gemalt

„Also: wie gemalt!" Wo dieser Satz fällt, soll der Komparativ des Gefallens für gewöhnlich ausgeschlossen werden: schöner geht nicht! Warum eigentlich? Was hat das Bild des Malers, das die leibhaftige Wirklichkeit nicht hat? Alles eine Frage der Perspektive, der äußeren wie auch der inneren. Will sagen: der Maler grenzt zum einen, vorausgesetzt er malt in irgendeiner Form nach der Natur, sein Motiv gegenüber der umgebenden und möglicherweise weniger reizvollen Welt ab (daher denn auch Gartenphotos immer „lügen"). Zum anderen läßt er weg, was ihm nicht passend scheint, betont, was die Komposition fördert, kurz: Er idealisiert das, was den Sinnen so scheinbar zwingend vorgegeben ist.

„Seit sieben Uhr früh habe ich vor etwas gar nicht besonders Großartigem gesessen, vor einem in Kugelform geschnittenen Zypressenbusch, der mitten im Gras steht. Der Busch ist grün, mit ein bißchen Bronze und verschiedenen anderen Tönen. Das Gras ist sehr, sehr, sehr grün, Veroneser Grün mit Zitronengelb, der Himmel ist sehr, sehr blau. Im Vordergrund sind lauter Oleander, wahre Wüstlinge, die verdammten Pflanzen blühen wie verrückt. Darüber erhebt sich eine ganz schwarze, düstere Zypresse."

An den Farben und an dem Zypressenmotiv ist er zu erkennen: Vincent van Gogh beschreibt eines seiner Bilder aus der Zeit in Arles. Van Gogh war ein Gärten-Maler, kein Gärtner freilich, denn für anderes als die Malerei ließ ihm sein inneres Drängen kaum Zeit. Dabei sind van Goghs Gärten, vom Pfarrgarten in Nuenen bis hin zum Garten von Daubigny, keineswegs der irdischen Mühen enthoben gewesen. In beinahe jedem von ihnen stecken die Spuren seines harten Geschäfts: „Ein paar Bäume habe ich freilich weggelassen, aber was ich in der Komposition beibehalten habe, ist in Wirklichkeit genauso. Nur hat man den Garten mit allerlei Gebüschen überladen, die nicht zum Stil passen. Um diesen wahreren, wesentlicheren Charakter herauszufinden, male ich dieselbe Stelle schon zum dritten Mal."

Ach könnte man doch! Probeweise weglassen zum Beispiel oder zum dritten Mal versuchen. Was dem Maler allenfalls den Einsatz einer neuen Leinwand und einiger Gramm Farbe abverlangt, könnte im Garten durchaus das Anrükken von Radlader und Balliermaschine nach sich ziehen. Nein, von den Malern müssen wir etwas anderes lernen. Farben erkennen und benennen zum Beispiel. „Veroneser Grün" oder Indigo und Kobaltblau – schon um der Namen willen, die auf der Zunge zergehen. (Die Indianer des südamerikanischen Regenwalds haben etwa dreißig verschiedene Begriffe von „Grün" – und sie „sehen" diese vielen Grüns auch!) – Ansonsten bedeutet Malen (und die Betrachtung von Malerei) vor allem: Sinn für Komposition entwickeln.

Wie van Gogh malen können! Es gibt aber noch andere Möglichkeiten: Gärten gestalten, wie van Gogh Bilder gestaltet hat! Das geht, sogar ohne Zypressen und Sonnenblumen! Wie? Die Gartenpalette von A wie Aster bis Z wie Ziegel muß man beherrschen. Und man muß mit van Gogh gelebt haben, Wochen, Monate, vielleicht Jahre. Und dann? Den Funken zünden lassen. ... Es geht bestimmt!

Gegenzauber

Sie sind, neben dem Automobil und ein paar anderen Nettigkeiten, der Fluch unserer individualisierten Welt: Reihenhäuser. Ein kleines Haus ist – natürlich mit einigem Recht und viel schlechten Mieterfahrungen – immer noch besser als kein Haus. Das ließe sich unter Gärtnern wohl auch gut ertragen, wären da die

„Garten" genannten Anhängsel nicht. Zu wenig zum Lieben, zu viel zum darüber hinwegsehen. Es ist ein rechter Fluch mit den Reihenhausgärten! Doch – schließlich glauben wir beinahe alle an den Sieg der guten Mächte – es gibt einen Gegenzauber: „Eine nie aussetzende respektvolle Liebe für das einzelne wird immer das Besonderste an diesem Garten sein."

Der Zauberer ist Hugo von Hofmannsthal. Ihm, dem die nahe Verwandtschaft von Dichten und Gärtnern vollkommene Gewißheit war und der in seinem Rodauner Garten mannigfaltige Praxis erworben hatte, war der Garten einen eigenen und wundervollen Aufsatz wert. Darin begibt er sich auf die Suche nach dem „modernen" Garten. Modern ist dem Schriftsteller des „fin de siècle" ein Garten in Abgrenzung zu den formalistischen Gärten barocker Provenienz. Schließlich sind wir im Wien des späten neunzehnten, frühen zwanzigsten Jahrhunderts. Westlich von Schloß Schönbrunn liegt Versailles, und jenseits der Stefanstraße beginnt der Orient. Da wie dort ist die Form und mit ihr der

formende Mensch alles, das einzelne, also vor allem die Pflanzenindividualität, beinahe nichts. „Man wird sich besinnen, daß man niemals den einzelnen Strauch genossen hat, niemals die einzelne Staude, kaum jemals den einzelnen Baum.“ Ein solcher Garten ist, in der Sprache der Zeit ausgedrückt, „seelenlos“. Seelenvoll und lebendig werden unsere Gärten dann, wenn wir den einzelnen Pflanzenindividuen Gelegenheit geben, sich uns nachhaltig bekanntzumachen. Und wo, wenn nicht im kleinen Garten, gelänge dies in idealer Weise. Hier kann uns mit der Zeit buchstäblich jede Blattrosette, jeder aufstrebende Blütenstiel ein guter Bekannter werden. „Es sollte nichts Beseelteres geben als einen kleinen Garten, in dem die lebende Seele seines Gärtners webt. Es sollte hier gleichsam überall die Spur einer Hand sein, die zauberhaft das Eigenleben aller dieser stummen Geschöpfe hervorholt, reinigt, und stark macht.“

Natürlich ist damit nicht dem bloßen Sammelsurium vieler Einzelheiten das Wort geredet, obwohl auch der Pflanzensammler seinen angestammten Platz im Gartenkosmos beanspruchen darf. Nein, Hofmannsthals „kleiner Garten“ ist eine Schule des Sehens, eine „schöne Wissenschaft“, in der das einzelne für sich erlebt werden kann und zugleich mit dem Ganzen verbunden und gesteigert erscheint. Denn „die Schönheit hängt nicht an irgendeiner Materie, sondern an den nicht auszuschöpfenden Kombinationen der Materie“. Das also wäre der beseelte Garten. Für diejenigen unter uns, denen das nicht so recht von der Hand will, hält Hofmannsthal noch einen Trost bereit. Man braucht nur zu sterben, krank sein, greise oder einfach nur faul wie Oblomow, denn: „Ein alter Garten ist immer beseelt. Der seelenloseste Garten braucht nur zu verwildern, um sich zu beseelen.“

Tanzende Gärten

Alles ist möglich! Keine Phantasie ist so abwegig, daß sie nicht im Bewußtsein eines Gärtners den Funken zünden könnte, aus dem der Flächenbrand eines leidenschaftlich gewollten Gartens wird. Das ist dann wirklich so etwas wie der „Glaube, der Berge versetzen“ kann. Ein sehr tatkräftiger Glaube, mit Spaten und Schubkarre und dem unbeirrbaren Willen zum realisierten Traum.

Alles ist möglich, auch das Skurrile und Fernliegende, schade ist nur, daß man so vieles weg- und unversucht lassen muß. Möglich zum Exempel ist: den Garten tanzen zu lassen!? Nein, nicht die Gärtner oder deren Freunde sollen tanzen, obwohl auch eine solche Szene ihre unabsehbaren Reize hat: ein originaler Paso doble auf der hölzernen Veranda vor dem Gartenhaus, Walzerpaare wirbelnd über englischem Rasen oder Alexis Sorbas und seine Kumpane beim Gartensirtaki. ... Nein, wenngleich all dies möglich und wünschenswert ist, der Garten selbst soll zum Tanzen gebracht werden, und man wünschte sich, irgendein Tanzbeflügelter gäbe dem Gartengestalter den Auftrag dazu.

Wie bringt man aber so etwas Statisches, Unbewegliches wie einen Garten dazu, sich dem Rhythmus der Musik zu ergeben? Wie bringt man den Gartenbetrachter dazu, den ständig verborgenen Tanz der Gartengestalten zu sehen? Es tanzt ja an allen Stellen des Gartens fortwährend, zwar allzuoft himmelschreiend hölzern und trampelhaft, aber es tanzt! „Darf ich bitten?“ heißt es überall um uns herum, und an unsere Augen ergeht fortwährend die Aufforderung zum Tanz. Denn der Blick des Betrachters ist ständig in der Bewegung von einer Gestalt zur nächsten. Nichts anderes ist die Gartengestaltung in ihrem Kern, als diese unterbewußten Blickwechsel zwingend zu leiten, den Rhythmus ihrer Folgen vorzugeben, nach Motiven, die zwar subjektiv gefunden, dennoch aber objektiv wirksam werden.

Doch daß wir ununterbrochen den Tanz der Pflanzengestalten mittanzen, heißt noch nicht viel für die gestellte Aufgabe. Wie immer geht die Lösung in zwei Richtungen: Zum einen kann es nur heißen: „lehre mich tanzen!" Wem das Tanzen, und sei es nur in einem einzigen besonderen Fall, nicht in Fleisch und Blut übergeht, dem gerät seine Umsetzung nie. Wir müssen Pflanzen und das übrige Material der Gartengestaltung so gut kennen, daß wir es bedenkenlos auf das Parkett führen können. Vornehmlich die Gehölze bieten sich hierzu an: *Taxus* „Dovastoniana" etwa, die Primaballerina des Sortiments, auf einer Fußspitze stehend und die Arme gegen die Hüfte eingeknickt, oder drei *Prunus subhirtella* „Elfenreigen", im Dreieck mit einander zugeneigten Kronen gepflanzt und schließlich *Pinus contorta,* ein regelloser Ausdruckstänzer, der viel leeren Raum zu seiner Bewegung verlangt. Der Möglichkeiten, tanzen zu lassen, sind kein Ende, und wer seinen Garten wirklich kennt, wird auch die Ecken aufzusuchen wissen, an denen der Wind eine handvoll trockener Blätter in seinen Reigen reißt.

Vom Wetter reden

Heute schon zum Himmel aufgeschaut? Woher der Wind weht, welche Wolken am Horizont treiben, welches Blau oder Grau den Grundton angibt? Ja, auch das bringt der Garten mit sich – den Aufblick. Den besorgten oder zustimmenden in jedem Fall. Der ist Pflicht, notwendige Prognose, wenn der Gärtner nicht längst den offiziellen Wetterbericht (auf Knopfdruck und zu jeder vollen Stunde) an seine Stelle treten läßt. Dann der träumerisch versunkene Aufblick. Eigentlich kein Blick nach oben, sondern ins Leere und genauer besehen: ein Blick nach innen, Entspannung der Seele nach anstrengender körperlicher Arbeit, bunt gefüllt mit vielem, häufiger noch mit nichts. Und schließlich der Aufblick um seiner selbst willen, die konzentrierte Öffnung nach oben, Bereitschaft zu sehen und zu begreifen, um des Sehens und Begreifens willen, Anknüpfung an den Aufblick von gestern und an die ganze Reihe weiterer Blicke in den Himmel, die in Zukunft folgen werden.

„23. Juli. Gestern habe ich den ganzen Tag lang im Gras vor der Haustür gelegen und den weißen Wolken zugesehen, wie sie gemächlich und in großen Abständen vorüberzogen, über die Blütenkerzen vom Rittersporn hinweg, den ich vor all den Jahren gepflanzt hatte. Ich habe an gar nichts gedacht, ich lag einfach da, in der heißen Sonne, blinzelnd, und habe dabei gezählt, wie lange die Intervalle der Wolkenwanderung über den Kerzenspitzen dauerten. Sehr deutlich nahm ich die Farbe des Rittersporns wahr, der scharf in den Himmel stach, wie blau er war, und dennoch nicht so tief und strahlend blau wie der Himmel."

Elizabeth von Arnim, deren sämtliche Werke den Garten irgendwie berühren und oft zu einem Ort der Handlung machen, liegt auf der Wiese ihres Chalets im Wallis. Der Erste Weltkrieg ist gerade erst zu Ende gegangen. Sie selbst steht vor dem Scherbenhaufen einer zerbrochenen Ehe und sucht inneren Frieden. Das „Tagebuch eines Sommers" ist der literarische Niederschlag dieser Suche, und bereits der zweite (zitierte) Tagebucheintrag zeigt, daß der Jahreslauf und das sich darin charakteristisch entfaltende und verwandelnde Wettergeschehen eine wichtige Rolle spielen.

Als Therapeutikum vor allem! Der beschriebene Aufblick an blauem Rittersporn vorbei in den blauen und schäfchenwolkenweißen Himmel, zieht die leidende Seele von sich ab und nimmt sie in ein Geschehen auf, daß größer ist als der Mensch und jenseits aller Leidenschaften Bestand hat. Ähnliches erleben wir in der Sommerfrische am Strand, wenn der ununterbrochene Wellengang uns, selbst bei geschlossen Augen, in seinen eigenen, beruhigenden Rhythmus aufnimmt. Oder am Fluß, dessen langsam dahinziehende Fluten und Strudel uns beinahe hypnotisch in ihren Bann ziehen können. Oder angesichts der flackernden Impressionen eines Lagerfeuers … .

Ein zweites Erlebnis schließt sich sehr bald daran an. „3. August. In diesen flammenden Augusttagen, in diesem leuchtenden Licht und inmitten dieser prachtvollen Farben kommt es mir vor, als befände ich mich im glühenden Herzen eines Juwels, und es ist mir unmöglich nicht dankbar zu sein."

Hat der Jahreslauf des Wettergeschehens uns zuerst von uns und unseren Sorgen weggezogen, setzt er sich nun selbst an den freigewordenen Platz. Er ist schön. In all seinen Nuancen – und selbst wenn er einmal, subjektiv gesehen, von uns nicht als eigentlich schön empfunden wird, ist er immer noch interessant. Womit bereits der Übergang in die dritte und letzte Heilungsphase eingeleitet wird: Was unser Interesse erregt, weckt zugleich unsere Produktivität. Wir erfragen die Zusammenhänge, verknüpfen die wahrgenommenen Einzelheiten, schlußfolgern und prognostizieren – kurz, wir erheben uns aus einer leidenden zu einer tätigen Haltung: „24. September. Das Wetter war gestern und heute etwas wechselhaft, unbeständig, wie ein Geschöpf, das im Schlaf unruhig zuckt. Wenn der Wetterwechsel um diese Zeit erst einmal eingesetzt hat, gibt es kein zurück mehr, es wird dann immer ungemütlicher – mit scharfen Winden, Regen, Schnee, Schneestürmen. 15.Oktober. Auf diesem Haus ruht Segen. Als ich vor drei Monaten meinen Berg heraufkam, allein und so zerschlagen, war es mir nicht vergönnt, schon vorauszusehen, daß ich von dort wieder fortginge als ein Mensch mit beiden Beinen auf der Erde, sich selbst und der Welt wieder von Nutzen."

Auf dem Haus, dem Garten, der Landschaft und dem dies alles einbeziehenden jahreszeitlichen Wettergeschehen ruht der Segen der sich ewig wandelnden, ruhig dahinfließenden Natur. Unserer steinernen Erstarrung in Depression und Angst, Sorge und Leid, setzt sie den an- und auflösenden Strom der Verwandlung und Metamorphose entgegen. „Alles fließt", der heraklitische Gedanke bekommt hier eine therapeutische Bedeutung, die wir nicht hoch genug einschätzen können, und daß „das Leben weitergeht", dieses zum Gemeinplatz gewordene Trostwort, hat hier seine eigentlichen Wurzeln.

Der leidende Mensch gehe in den Garten, setze sich an einen Fluß, schaue zum Himmel auf – dann wird, während sein Kopf noch voller Hoffnungslosigkeit und Zweifel ist, sich die Gewißheit der Verwandlung einen Weg in die Tiefe bahnen und ihn mit neuer Zuversicht erfüllen. Das geht irgendwie von selbst und fühlt sich ein wenig an wie das Gefühl großen Hungers, nach einer langen, von starker Sorge oder Freude bestimmten Zeit ohne Essen. Diesem Appetit auf Betätigung Nahrung zu bieten, vermag vor allem der Garten. Gerade weil sein Wesen immerwährende Verwandlung einschließt, bedarf er der ununterbrochen ordnenden Hand, die ihn und dabei zugleich sich selbst erhält!

Garstig Wort

„Heimat“ – pfui, wer noch vor kurzem etwas auf sich hielt, hatte so etwas bei uns nicht zu haben. Heimat, das hatten sie damals, bis vor fünfundfünfzig Jahren. Hatten es „tausend“ Jahre lang so intensiv gehabt, daß Heimat dann für mehr als eine Generation in Deutschland nicht mehr ohne schlechten Geruch zu haben war. Heimat, „Deutsche-Eichen-Lieder-Helden-Kaiser-Gott-und-Vaterland-Heimat“ – das war passé. Erst ganz allmählich – und so recht weiß man noch nicht, ob Gott sei Dank oder leider –, allmählich hat man auch als vereinigter Deutscher wieder eine Heimat.

Und was hat man, wenn man eine Heimat hat? Man könnte, und das ist oft geschehen, ein gärtnerisches Bild bemühen. Dort, wo der Mensch seine Wurzeln einsenkt, der Grund, in dem er sich verankert, dort, wo dies für lange oder in besonderer Intensität (wie zu Zeiten unseres Kindseins) geschieht, entwickeln sich Heimatgefühle. Das ist für den einen die nähere und weitere Umgebung, eine Straße, ein Dorf, eine Stadt oder eben, als großer gemeinsamer Nenner, ein durch Geschichte, Sprache und Kulturgewohnheiten konfiguriertes Gebilde mit Namen Deutschland oder Frankreich oder so.

Doch auch die Sprache, die Familie, die Freunde, der Beruf bieten Möglichkeiten der Verwurzelung, und oft fehlen dem Verbannten oder Verpflanzten weit eher sie, als das abstraktere Ding „Deutschland“, auch wenn er dem Verlustgefühl aus Gewohnheit diesen größeren Namen gibt.

Allen Heimaten wohnt das Vertrautsein inne. Gerade dann, wenn man lange nicht dort war, lebt es an ganz unerwarteten Stellen plötzlich auf: dieser Tordurchgang, diese Bäckerei mit ihrem unverwechselbaren Duft, diese eigenartige Wortbildung – die Physiognomie der Heimat setzt sich aus solchen Vertrautheiten zusammen. „Weißt Du noch“, so rufen wir uns selbst in der alten Heimat immer wieder zu, weil an den Dingen und Wesen Erinnerungen, also wir selbst haftengeblieben sind!

Worauf das hinaus soll? Es ist der Versuch, mir und dem Leser ein Gefühl deutlich zu machen, das den Gärtner mitunter wie aus heiterem Himmel anspringen und ihm ein Lächeln auf die Lippen bringen kann. Beispielsweise im späten Winter. Man geht, die Schultern von zwei schweren Einkaufstaschen (oder Schlimmerem) gebeugt, durch die engen Gassen eines an den Hang gebauten alten Städtchens. Und dann, eigentlich sieht man es weniger, als daß man es ahnt und irgendwie schon weiß – leuchtet etwas Gelbes, aufgetupft auf dünnem Grün, in den Augenwinkeln auf. „Dich kenne ich!“ denkt der Gärtner, und ohne daß er es bemerkt, straffen sich seine Schultern, wird sein Gang federnder. Es ist eine alte Bekannte, die er hier unerwartet getroffen hat. *Jasminum nudiflorum* heißt die Dame. Sie stand in seinem allerersten eigenen Garten, daß heißt, sie fiel dort die kleine Trockenmauer herab, die er so instabil, aber immerhin mit eigenen Händen erbaut hatte.

Gärtnern heißt: sich vertraut machen. Mit dem Garten, diesem konkreten Stück Land. Aber auch mit den Pflanzen darin. Und, wenn ich die eigenen Empfindungen recht zu deuten vermag: hier kann – anders als etwa bei den meisten Haustieren – ein Pflanze gut für eine gleiche stehen! Von den wenigen „Charakteren“ und den Pflanzen mit persönlicher Geschichte einmal abgesehen, ist eine Sternmagnolie eine Sternmagnolie, und habe ich sie einmal mit Freuden (was die Schmerzen des Nichtgelingens einschließen kann) in meinem Garten gehegt oder als Gartenwesen ins Bewußtsein gehoben, ist sie mir auch „in der Fremde“, die sogar das Gesicht der Großstadt tragen kann, vertraut! Welcher andere Beruf und welche Passion führte sonst zu so weitreichenderer Vertrautheit mit dem eigentlich Fremden? Der Garten, immer noch Bild jener ältesten Heimat des Menschen, bietet Heimat jenseits aller Ideologie – eine paradoxe Heimat, ist doch der Gärtner zugleich ihr Vater und ihr Sohn!

Nur Geduld Gärtner – alles andere kommt von alleine!

Also so viel zu den Motiven und Typen. Und wie steht es mit den allgemeinen Qualitäten des Gärtners? Was macht den Menschen zum Gärtner? Was muß er aus und mit sich machen, um Gärtner zu werden? Oder besser noch: Was macht der Garten mit den Jahren aus dem Gärtner, während der Gärtner ihn zu s e i n e m Garten macht?

„Geduld!", ruft uns der Garten zu allererst zu. Natürlich! Es ist *die* Grundübung schlechthin. Doch auf wieviel verschiedene Arten kann man geduldig

sein! An das Warten- und Erwartenkönnen denkt man wohl zuerst: keine Ernte ohne Ausreifenlassen, kein Gedeihen ohne geduldig zurückhaltende Pflege, keine Pflanzencharaktergestalten ohne jahrelanges Auswachsen. Und wer dereinst im Schatten jenes Baumes sitzen möchte, den er gerade erst pflanzte, dem kann die Zeit dahin schon recht lang werden, wenn, ja, wenn er die Geduld nicht hätte.

Doch diese Art Geduld ist nur *eine* ihrer möglichen Variationen. Gärtnergeduld ist nicht allein Passivität und Ausharren, geschweige denn Taten- oder gar Gedankenlosigkeit. Sie ist auch: die gespannte Sehne, das Anvisieren des Pfeils, genaues Hinhören und Zusehen, das Abpassen des richtigen Augenblicks. Also nicht nur Zustand, sondern eine oft verdeckte, aber sehr intensive Form des Tuns.

Sieht man hier etwas genauer hin, legt sich einem der Begriff der Metamorphose nahe – nicht von ungefähr eine zentrale Kategorie des Lebendigen. Metamorphose ist gesetzmäßig ablaufender Gestaltwandel, eine Sukzession von Formen, die sich gemäß innerer Ursachen ineinanderverwandeln. Keine zwei Wesen sind sich darin aber gleich, und alle wollen demzufolge – und hier liegt die Nutzanwendung für den Gärtner – auch anders behandelt werden. Damit erst erhält Geduld aber ihre substantielle Begründung. Geduld ist Einsicht in die Notwendigkeiten der jeweils aktuellen Konstellation. Geduld ist: Hinsehen, Verstehen, Voraussehen – ist Wesensbegegnung. Begegnung mit einer Fülle sehr eigener Wesen. Und die sind manchmal wirklich s e h r e i g e n!

Wer also G e d u l d hat (oder erwirbt), der ist auf einem guten Weg. Die übrigen Gärtnertugenden können dann ohne weiteres als Variationen des einen großen Themas verstanden werden: als Grundlagen oder Folgerungen, jedenfalls immer im Zusammenklang mit der Gartentugend Geduld.

Was da noch in Betracht kommt? *Ehrfurcht* zum Beispiel – zurückhaltende Anerkennung des wesenhaft Anderen. *Aufmerksamkeit* – weit geöffnete Sinne ins Kleine und Große. *Gedankentiefe* – Bewußtsein für Zusammenhang und Gesetzmäßigkeit. *Ausdauer* – konsequente Umsetzung der Einsichten und Ideen. Und schließlich – was man selbst am wenigsten beherrscht, hängt meist hintendran –: *Genießenwollen* und *Genießenkönnen* – die Grundvoraussetzungen gegen ein verdrießliches, unfreies Gemüt.

Endlich wiederentdeckt: die Langsamkeit

Wochenlange Sommerhitze, Gewitterregen die kaum den Boden benetzten – und was habe ich am meisten vermißt ...? Nicht das Wasser, aber jene Geschöpfe, die der Regen unweigerlich auf ihren eigenen Schleimspuren nach sich zieht: die Schnecken. Nicht eigentlich unsympathisch waren sie dem Gärtner bis dahin, eher suspekt. Bis zu dem Tag, an dem er John Franklin begegnete.

Franklin ist ein Romangeschöpf Sten Nadolnys und ist es wiederum nicht, denn der englische Polarforscher (1786 – 1847) hat wirklich gelebt. Sein Werdegang ist zugleich (der Titel hält, was er verspricht): „Die Entdeckung der Langsamkeit". Langsam, sehr langsam, unerträglich langsam inmitten der Schnellen zu sein, ist das Schicksal des Knaben John. Aber „nichts konnte John elend machen, seine Hoffnung war die eines Riesen. Über Hindernisse, die er nicht besiegen konnte, sah er einfach hinweg. Meistens wußte er sich aber zu helfen".

John Franklins wichtigste Aufgabe war es, einen Platz zu finden, der die Langsamkeit toleriert, ja, sie geradezu fordert. Er findet nicht den Garten, aber einen diesem im Zeitmaß verwandten Zufluchtsort: „Vor Johns Augen lag unbekanntes Gebiet, ruhig und grenzenlos, wie der väterliche G a r t e n vor Jahrzehnten. Und das M e e r war unzerstörbar." Sein Weg von Trafalgar bis zum Eistod auf der Suche nach der Nordwestpassage ist der Triumph des Langsamen über sich selbst. Und es ist, angesichts einer sich immer schneller abspulenden Zeit, der Nachweis der Ebenbürtigkeit, wenn nicht Überlegenheit, bewußt durchformter Langsamkeit.

Auf der Suche nach der Langsamkeit im Garten wird der Gärtner vielfach fündig. Wer sich den aus inneren Entfaltungsgesetzen zerfließenden Zeitmaßen des Organischen anverwandeln will, den „Zeitbögen", wie Jürgen Dahl sie nannte, wer also nicht seiner Eile, sondern der Weile der Natur folgt, findet so viele Langsamkeiten, wie er Wesen in seinem Garten findet. Da ist der Schnekkengang schon beinahe wieder schnelle Bewegung; dem Studium der Langsamkeit aber kommt er gerade recht. Der Gärtner liegt im Gras, denkt an den langsamen John und verfolgt mit aufgestütztem Kopf die zielvoll stetige Rasendurchquerung der zierlichen Schnirkelschnecke. Es ist so etwas wie eine Flucht, denn, so entnehmen wir einer Schneckenbekämpfungsmonographie, größere Gras-Streifen sind den ungeliebten Fraßgenossen zuwider und werden „schnell durcheilt".

Franklin wäre ein guter Gärtner gewesen. Gouverneur von Van Diemens' Land geworden, träumte er von einem Zufluchtsort: „Ein Reservat mußte er schaffen für sich selbst, in welchem er seine Zeit hüten konnte." Ein solcher Ort ist der Garten. In ihm hüten wir unsere Zeit und die unserer Gäste, deren Langsamkeit das Maß unseres Handelns ist. Und während vor dem Gartenhag die Zeitläufte immer nervöser werden, trösten wir uns mit Franklins Einsicht: „Es gibt Leute, die im Gehen sind. Andere im Kommen. Was schnell kommt, ist schnell wieder vorbei."

Verweile doch!

Gibt es einen idealen Platz für das Nichtstun, besser noch für das „Nicht-Tun"? Sicher. Den Garten. Oft zitiert Vita Sackville West: „Manchmal sitze ich im Garten und denke, und manchmal sitze ich bloß." Gut, das kennt man, und es hört sich geradezu monumental wahr an. Aber wie geht das? Denn das Umgekehrte scheint, zumindest für Gärtner, auch zu gelten: es gibt keinen idealeren Platz für das Tun als den Garten.

Ein weites Feld. Von außen sieht das fast immer gleich aus. Der eine ist in seinem Garten immer tätig, der andere selten oder nie. Dafür dieser stets ausspannt, jener selten oder nie. Doch es gibt faule Fleißige und fleißige Faule sowie faule Faule und fleißige Fleißige. Womit das Knäuel endgültig verworren und verknotet scheint. Versuchen wir seine Entwirrung: Am einfachsten liegen die Dinge bei den Verdoppelten: der „fleißige Fleißige" ist der klassische Workaholic, unausgesetztes Tun, auch im Garten, gesteigert bis zur Unrast, sind seine Erkennungszeichen. Ihm gegenüber der „faule Faule". Er muß sich im Garten von den Anstrengungen erholen, die er zuvor so erfolgreich vermieden hat – auch das ist bekannt und wird zumeist kopfschüttelnd vermerkt, obwohl es auch hier bewundernswürdige Meister dieses Fachs geben kann. Wie gesagt, ein weites Feld. Der „faule Fleißige"? Er erholt sich im Garten von den Mühen und Lasten des Alltags, denn er ist rechtschaffen müde. Bleibt der „fleißige Faule". Er will und kann mit seiner Tagesarbeit nicht zufrieden sein. Sie erfüllt ihn nicht, ist sinnlos, unterfordert ihn, oder wächst ihm über den Kopf. Wie auch immer.

Er landet also beim Garten (oder sonst einem Steckenpferd) und nähert sich langsam, aber gewiß dem Idealbild vom passionierten Gärtner.

Vier grob vereinfachte Gartencharaktere. Mindestens vierzig weitere harren noch der Beschreibung. Den Gartenfaulenzer an die Arbeit zu bekommen ist nicht Thema der Betrachtung. Wie aber bekommt man den Fleißigen ans Faulsein? Auch das ist ein weites Feld, und für heute kann bestenfalls eine Ackerfurche hindurchgezogen werden.

Fragen wir den Zisterzienser Bernhard von Clairvaux, denn vom Ackern und Gärtnern haben die Zisterzienser etwas verstanden. Und von dessen Gegenteil auch. Bernhard: „Liefere dich nicht ständig dem Tätigsein aus, sondern widme dazwischen der Betrachtung ein Stück von deinem Herzen und deiner Zeit." Das ist der alte Gegensatz von der „vita activa" zur „vita contemplativa", oder „bete und arbeite"– das ganze christliche Mittelalter ist voll von dieser Dialektik. Arbeit und Betrachtung liegen im Garten ungewöhnlich nahe beieinander, und beide beziehen sich, da liegt ein Unterschied zu ehemals, auf die gleichen Gegenstände. Die Betrachtung ist dabei vor allem der Moment des Innehaltens, die

Aufmerksamkeit für das immer schon Dagewesene: für den Himmel und seine Wolkenformationen, für die geometrische Schönheit der *Centaurea*-Knospe oder des Kiefernzapfens, für den lackglänzend schwarzen Laufkäfer und dessen unbekanntes Woher und Wohin, für den Rauch über unserem kleinen Trockenreisigfeuer, der in einer windstillen Stunde, kaum entstanden, verwirbelt, verweht, vergeht … .

Vom ruhigen Gang

An Goethe kommt keiner vorbei – nicht nur des Leibesumfanges wegen, den der weimarische Geheime Rat so gravitätisch zu tragen pflegte.

Allzusehr haben vergangene Generationen ihrem Goethekult gehuldigt, als daß uns Heutigen der Umgang mit seinem Werk leichtfallen könnte. In der Schule hatten sie uns ausgerechnet mit den „Wahlverwandtschaften" traktiert, einem Buch voll untergründiger Symbolik, die Sprache gediegen und blankpoliert wie ein klassizistisches Möbel. Vergnügen kam da unter den Siebzehnjährigen eher selten auf.

Heute, da der Schüler von einst nur noch zu seinem Vergnügen und eben als Gärtner im Goethe blättert, sind gerade die „Wahlverwandtschaften" von besonderem Reiz, denn die dort beschriebenen Herrschaften waren nicht zuletzt eines: Landschaftsarchitekten – so, wie sie auch Musiker oder Rezitatoren waren, als Dilettanten nämlich. In jenen Tagen gehörte die praktizierte Liebe zu den Künsten zum „comme il faut". Was der berühmte Fürst Pückler-Muskau im großen Stil landschaftsgestaltend unternahm, versuchte auch manch anderer Mann von Adel, und sei es im bescheidensten Rahmen. Eduard, „ein reicher Baron", ist in den „Wahlverwandtschaften" ein typischer und von daher interessanter Vertreter der Gattung – man lese selbst nach!

Wir wenden uns indessen dem Fußvolk zu. In Goethes Tagen gab es noch den edlen Beruf des „Gärtners". Der Geheimrat selbst beschäftigte mehrere Exemplare dieser heute beinahe ausgestorbenen Spezies, und auch Eduard bediente sich ihrer. Das waren keine Pflanzenproduzenten, keine Pflegetechniker und auch keine „Tiefbauer in Grün". Nein, unter dem sonst durchaus fragwürdigen

Schutz des Patriarchats bestand eine Form des Gärtnerdaseins, der heute nur noch nach Feierabend eine Existenzberechtigung zugestanden wird.

Ein solcher Gärtner hatte keine Zeit – doch ebensowenig hatte die Zeit ihn! Nein, er *war* diese Zeit: Je näher er dem Ideal kam, desto mehr wurde der ruhige Gang des verfließenden Pflanzenjahres zum Maß seines Schreitens. „So wenig der Gärtner sich durch andere Liebhabereien und Neigungen zerstreuen darf, so wenig darf der ruhige Gang unterbrochen werden, den die Pflanze zur dauernden oder zur vorübergehenden Vollendung nimmt. Die Pflanze gleicht den eigensinnigen Menschen, von denen man alles erhalten kann, wenn man sie nach ihrer Art behandelt. Ein ruhiger Blick, eine stille Konsequenz, in jeder Jahreszeit, in jeder Stunde das Gehörige zu tun, wird von niemand mehr als vom Gärtner verlangt."

Wir reden heute viel von herausragender Leistung, von Spezialistentum und meinen dabei zumeist die flinken Finger und den raschen Verstand. Goethes

Charakterisierung zielt auf einen Meister ganz anderer Art: Dieser Meister des unbeirrbar ruhigen Gangs schreitet an den hastigen Zeitgenossen in Gegenrichtung vorüber. Doch während sie ihn im besten Fall für langsam halten und ihrem Vorwärtseilen hoffnungslos hinterher, ist er in Wahrheit auf der Höhe der Zeit. Und fähig, zu „jeder Stunde das Gehörige zu tun".

Garten-Zeit

Wir leben in schwierigen Zeiten. Nicht was Sie denken! Die Zeit selbst ist gemeint, wie wir sie messen und erleben, wie wir uns als Menschen in ihren Abläufen bewegen. Und: „Zeiten", Plural, nicht „Zeit", Singular.

Da wäre die objektive Zeit. Die sich niederschlägt, also – wie die Luftfeuchtigkeit als Morgentau – sichtbar wird: im Klingeln des Weckers, im pünktlich abfahrenden Zug, im Zwang, noch eine Stunde und vierundzwanzig Minuten warten zu müssen, bis man aufstehen und aus dem Büro gehen darf. Das ist gewissermaßen die mechanische Zeit, die noch von den kleinsten Zeitverunreinigungen befreit und wieder atomuhrgenau nachgestellt werden kann. Aber das ist eine erbärmliche Zeit. Sie hat etwas von einer Waisen, die von allen verlassen wurde und nur durch harte Arbeit und endlichen Erfolg scheinbare Zufriedenheit gefunden hat. In Wahrheit sehnt sie sich nach ihrer Verwandtschaft. Blickt zurück auf die verschwommenen Nebel ihrer Herkunft. Denn eigentlich ist sie aus gutem Haus. Ein gemeinsames Kind von Sonne und Erde. Zeuge einer bewegten Beziehung, die nicht recht faßbar ist. Die diversen Drehungen und Wiederkehren, die Relativität der Gesichtspunkte, siderischer Umlauf, tropischer Umlauf – da gibt es für Kalendermacher seit Jahrhunderten inkommensurable Stunden und Minuten, Stellen hinter dem Komma, wie sie der Mechanik so gar nicht in das Konzept passen.

Wir leben in schwierigen Zeiten, weil wir für unser Leben in der Zeit nur noch verkrüppelte Sinne haben. Denn eigentlich steckt uns die Zeit und ihre Abkunft aus dem kosmischen Geschehen buchstäblich in den Gliedern. Darf man der einschlägigen Literatur glauben, ist des Menschen Gehen in den Rhythmus von Sonne und Erde einbezogen. Demnach würde unsere „normale" Gehgeschwindigkeit uns bei unausgesetztem Weitergehen in etwa 365 Tagen „die ganze Erde auf einem Großkreis" umschreiten lassen. „Der gesunde Mensch hat die Geschwindigkeit der Sonne", sollen die alten Babylonier schon gesagt haben, in einer Epoche, als das Messen der Zeit noch kultische Aufgabe war. Auch darin spiegelt sich – die Richtigkeit des Gesagten vorausgesetzt – eine objektive Zeit.

Eine solche, in der das Subjekt sich wiederfindet. Und die es in sich wiederfindet, wenn es seine Sinne daraufhin schult.

Auch diese Zeit ist nur eine von unabsehbar vielen „Zeit-Räumen", in denen wir uns bewegen. Wäre unsere Zeit nicht so mechanisiert worden, vom „templum", also Tempel, zum „Tempo", zur Eile, zu verkommen, hätten wir davon auch ein Erlebnis. Vor allem da draußen, unter dem Himmel, wenn wir ganze Tage darunter verbringen dürfen, manchmal wohl auch müssen. In den Zeiten, die wir gewiß nicht wieder herbeibeschwören wollen, als die von Thurn und Taxis nur zweimal in der Woche, um zehn Uhr früh, um acht Uhr am Abend oder auch, wenn die Kutschenachse gebrochen war, übermorgen kamen, sahen die Leute noch zum Himmel, wenn sie auf den Acker gingen oder in den Gemüsegarten. Oder auch nicht, weil ihnen die Rhythmen der länger oder kürzer werdenden Tage oder der auf- und absteigende, voll und unsichtbar werdende Mond ohnehin im Blut schlugen.

„Ich erinnere mich eines Morgens, an dem ich auf einem Baume eine Schmetterlingspuppe entdeckt hatte. Der Schmetterling hatte gerade die Hülle gesprengt und schickte sich an auszuschlüpfen. Ich wartete lange, ungeduldig, denn ich hatte es eilig. Ich beugte mich darüber und begann ihn mit meinem Atem zu wärmen. Ich hauchte ihn ungeduldig an, und das Wunder begann sich vor meinen Augen in einem rascheren Ablauf als natürlich zu entfalten. Die Hülle öffnete sich ganz, der Schmetterling kroch heraus. Aber nie werde ich mein Entsetzen vergessen: seine Flügel waren noch gekrümmt und zerknittert. Der kleine Körper zitterte und suchte sie zu spannen, aber es war unmöglich. Auch ich versuchte, ihm mit meinem Arm zu helfen, doch umsonst. Ein allmähliches Reifen war nötig, die Flügel hätten sich langsam in der Sonne entfalten müssen, jetzt war es zu spät. Mein Atem hatte den Schmetterling gezwungen, zu früh auszukriechen, ein Siebenmonatskind. Er zappelte verzweifelt und starb nach einigen Sekunden auf meiner flachen Hand."

Nikos Kazantzakis, als Ich-Erzähler im „Alexis Sorbas", beschreibt ein mit ziemlicher Sicherheit erlebtes Geschehen. Wer kennt es nicht? Nein? Wohl Ihnen! Wer es aber kennt, weiß, daß der Fluch der „neuen" Zeit darin liegt. Wir haben keine Zeit mehr. Sie ist uns abhanden gekommen, vermutlich gestohlen, und die schlimmste Folge für unsere Mit-Geschöpfe ist, daß wir auch den anderen keine Zeit mehr lassen. Das alte Märchen, das den schlauen Bauern zeigt, der die Abläufe von Wachsen und Reifen überlisten zu können glaubt, ist längst Wirklichkeit geworden. Nur liegt zwischen frevelhafter Tat und gerechter Bestrafung so viel verhüllende Zeit, daß ein Zusammenhang oft nur behauptet, selten erwiesen werden kann. Wuchsverkürzer, Blühverfrüher, künstliche Tageslängen und -kürzen – weiß Gott, was wir nicht alles ersonnen haben, um die „Flügel des Schmetterlings“ zur Entfaltung zu bringen.

Das wird so weitergehen, und wir Gärtner, ob wir Pflanzen kaufen oder produzieren, hegen oder roden, werden unseren Teil daran haben, auch wenn wir uns noch so verzweifelt dagegen wehren: zu sehr sind wir eingeschriebene und zahlende Mitglieder des waltenden Gesamtzusammenhangs. Aber dennoch: jeder Akt des Zeit-Verzögerns, des „Fremde-Zeiten-Miterlebens“, jeder Versuch unzeitgemäß zu sein, bedeutet einen Zuwachs auf dem Gemeinschafts-Sonderkonto „Mensch und Natur“. „Diese kleine Leiche, glaube ich, ist die schwerste Last, die mein Gewissen bedrückt. Heute begreife ich erst richtig, daß es eine Todsünde ist, die ewigen Gesetze zu vergewaltigen. Wir haben die Pflicht, dem ewigen Rhythmus der Natur mit Vertrauen zu folgen.“

Zeit für Onkel Ottokar

Gärtnernde Politiker kennt man; wie aber hält's der Gärtner mit der Politik? Stetiger Wandel ist ein Merkmal politischen Geschehens. Der Tag stellt seine Forderungen und Fragen. Die Politik hat darauf zu antworten. Immer. Tut sie das nicht, tut sie es doch. Keine Reaktion ist auch eine Reaktion, und des Politikers Problem ist es, ständig des Guten zu wenig zu tun – oder zu viel. Und das ist ein sehr gärtnerisches Thema. Wind und Wetter, Laus und Pilz heißen hier die Forderungen des Tages, und der Gärtner ist gefragt: Was tun?

„Onkel Ottokar pflegte hingebungsvoll die beiden Terrassengärten. Es mag sein, daß er den Perückenstrauch oder die beiden Magnolien gepflanzt hat, die, wenn der Vorfrühling gnädig und ohne allzu harsche Fröste verlaufen war, ihre träumerischen Riesenblüten in die Aprilsonne hielten. Auch wir stecken noch unsere Nasen hinein und gießen in trockenen Jahren mit winzigen Blechkännchen Wasser in die vielen Löcher, die den Wurzelbereich der kostbaren Exoten anzeigen. Auf diese Weise ist auch behutsam gedüngt worden. So haben sie jahrzehntelang den eisigen kontinentalen Wintern standgehalten, den glühenden östlichen Sommermonaten. *Dem Sozialismus und seinem Mangel an Geduld erlagen sie schon nach kurzer Zeit.*“

Schauplatz Böhmen. Barbara von Wulffen, geistreiche Journalistin und Buchautorin, geht den Spuren ihrer Kinderjahre nach. „Urnen voll Honig“ heißt die bittersüße Recherche in einem verlorenen Land. Böhmen war und ist ein Opfer politischen Wandels. Herrscher kamen und gingen – Onkel Ottokars Garten spiegelt es wider. „Onkel Ottokar“ hat, in welcher Verkleidung er auch auftritt, keine Zeit für Politik. Doch sollten sich die Politiker einmal Zeit für Onkel Ottokar nehmen. Er pflegt („hingebungsvoll“!) sein Gärtchen. Beobachtet ihn hinter seiner Fliederhecke. Mit Sozialismus hat er nichts am Strohhut. Er hegt und pflegt das Überkommene. Ungeduld ist sein Problem nicht. Aber Achtung, er ist kein Reaktionär! Nein, an anderen Tagen würdet ihr ihn für einen Radikalen halten. Mit Stumpf und Stiel reißt er aus, was ihm nicht genügt. Sein Garten verändert sich; ihn auch. Und er verändert seinen Garten. Ständig.

Garten und Gärtner beginnen einander zu ähneln wie ein altgewordenes Ehepaar; ihre Züge verwandeln sich im Gleichklang. Und hier scheint durch, was ihn auf alle Zeiten von den Politikern unterscheiden wird: Das Kennen und Können des Gärtners seinen Zöglingen gegenüber ist so intim, daß es der Liebe gleicht. Oder andersherum: Sein Lieben ist so stark, daß es vollkommenem Wissen und Können gleicht. Das wäre einmal eine Politik in der man es mit der Liebe (zur Sache und zum Menschen) zu tun bekäme!

Und was hält Onkel Ottokar von der Tagespolitik? Ihm geht es kaum anders als Tucholskys „Portier vom Reichskanzlerpalais“. Den Blick auf die jeweils neueste Regierung gerichtet (und die wurde in Weimar nicht alt), sinniert der kleine Mann: „Immer regiert ihr man! Ihr werdet det schonst über kriegen!“

Ach schüttel mich!

Es regnet. Und zwar richtig. Und der Gärtner findet das nicht nur ganz in Ordnung, sondern geradezu wert für ein Dankgebet, denn es wurde hohe Zeit. Daß nun allerdings ausgerechnet Samstag, und zwar ein solcher ohne andere Verpflichtungen ist, findet er weniger in Ordnung, denn er hatte viel vor – im Garten versteht sich.

Es regnet weiter, und der Gärtner sitzt vor dem Fenster. Blick auf den Garten.

Und er hat noch immer viel vor. Je länger er in den Garten hinausschaut, desto mehr schaut der Garten zum Fenster herein: „Wo bleibst du?“ Bis in alle Glieder fährt dem Gärtner das Unerledigte, wie der Schreck in die Glieder fährt oder der Teufel in die Arme Seele. Dem Gärtner fährt es vor allem in die Hände, die jucken und zucken, daß Gott erbarm!

„Geduld!“ rufen ihm die Verständigen aller Stände zu, „Geduld, Gärtner, deine Grundübung und -tugend! Was wäre ein Gärtner ohne Geduld?!“ „Natürlich!“ Der Gärtner nickt verständig und verbeißt sich eine deftige Injurie. Natürlich haben sie recht. Und doch sind sie komplett ahnungslos, was unsereiner gerade empfindet! Wenn es regnet und wenn man eigentlich Zeit für den Garten hätte. Wären wir n u r Gärtner, also ausschließlich in unserem eigenen Nicht-Erwerbs Garten tätig, Rentner vielleicht oder Kapitalisten in des Wortes engster Bedeutung, dann hätten wir gut Geduldigsein. Aber so. Was fällt der Welt neben unseren beruflichen Pflichten nicht alles ein, uns vom Garten fernzuhalten: Familienfeste und Partnerbedürfnisse, unerwartete Besuche und notwendige Erledigungen, Krankheit gar oder eben: ungeeignetes Wetter. Teufel auch!

Solange wir tun, solange man uns nur läßt, sind wir bestimmt die geduldigsten Wesen. Geduldig wie die lauernde Raubkatze vor dem Mauseloch. Minutenlang unbeweglich und zugleich auf das äußerste gespannt – Hauptsache, wir wissen warum! Geduldig wie der Koch, der dem langsamen Garen Raum gibt, weil er den Genuß der gelungenen Speise vorausahnen kann. Geduldig wie … na, wie eben jeder, der etwas von seiner Sache versteht, geduldig sein kann.

Aber Geduldigsein im Lassen? Davon war nie die Rede, als wir uns an den Garten gebunden hatten. Gar nicht weitermachen können oder dürfen, nicht säen, pflegen nicht und auch nicht ernten – nein, das war nicht vereinbart. Den

Fall kennt nicht einmal das Märchen: „ach schüttel mich, ach rüttel mich" – an den reifen Äpfeln vorbeikommen und sie nicht schütteln d ü r f e n, das ist einfach unerhört – und ist häufig doch Regel und nicht Ausnahme im täglichen Geschäft modernen Lebens.

So ist das! Und nicht wirklich so, wie der humor- und verdienstvolle Schriftsteller Karel Čapek in seinem „Jahr des Gärtners" behauptet: „Wir Gärtner leben irgendwie in der Zukunft; wenn unsere Rosen blühen, denken wir schon daran, daß sie im kommenden Jahr noch schöner blühen werden. Und so nach zehn Jahren wird aus unserem Tannenbäumchen ein richtiger Baum – wenn nur schon die zehn Jahre hinter uns lägen! Ich möchte gern wissen, wie die Birken in fünfzig Jahren aussehen werden. Das Echte, das Beste liegt immer vor uns. Jedes weitere Jahr gibt an Wuchs und Schönheit zu. Gott sei Dank, bald sind wir wieder um ein Jahr weiter!"

Sicher, in irgendeinem Winkel unserer Gärtnerseele lebt auch das, eine Ungeduld auf die Zukunft hin, auf das Schöner und Besser und Größer, ein leises Bedauern, nicht unsterblich zu sein. Aber das ist eine reichlich abstrakte Ungeduld, eine Kopfgeburt und kein Erlebnis im Garten. Diese Ungeduld vergeht keine zehn Minuten, nachdem wir Kittel, Schürze oder einfach unsere Arbeitsmentalität angelegt haben. Man muß uns nur lassen – was auch eine Eheweisheit sein kann: Hörst du Luise! Verstehst du Franz? Einen ungestörten Nachmittag im Garten, und wir sind für eine ganze Woche sanft wie ein Lamm. Wirklich wahr!

Stein des Anstoßes

Literarische Vorbildgestalten zu kennen, ist kein geringer Schatz in unserer an Vorbildern so armen Welt. Wir sprachen bereits von Leutnant Lagerlöf? Ein feiner Kerl! Kennen sie auch Isak, den Ödlandbauern von Sellanraa? Kein feiner Kerl, eher ein grober Klotz, aber was das Vorbildlichsein angeht, gewiß einer für den hauseigenen Olymp!

„Segen der Erde" heißt der Roman des Norwegers Knut Hamsun, der das Leben Isaks zum Inhalt hat. Das Buch beginnt ziemlich weit vorne. Vorne in mehrfacher Hinsicht. Isak, ein nicht mehr ganz junger Mann, sucht ganz vorne, am Ende der besiedelten Welt Norwegens, ein Stück Land, das er sich zu eigen nehmen kann, um es urbar zu machen. Auch seine Vermögenslage spiegelt seinen Standort: mit nur dem, was er auf dem Leibe trägt, muß er bei Null, also wiederum sehr weit vorne beginnen. Daß er in der Wahl seines Berufes zivilisationsgeschichtlich weit am Anfang ansetzt, muß dabei kaum noch besonders betont werden.

„Das schlimmste war gewesen, den Ort zu finden, einen Ort, der niemand gehörte, der sein war; jetzt kamen die Tage der Arbeit.“ Und wie dieser Mann zu arbeiten versteht! „Der schafft was weg!“ würden wir angesichts seiner zielvoll und ausdauernd eingesetzten Kräfte sagen und respektvoll zur Seite treten, wenn wir seine Kreise zu eng berührten. Isak aus Sellanraa schafft was weg! Was macht diesen einfachen Mann im Ödland so erfolgreich? Eben daß er einfach ist! Keine „zwei Seelen wohnen, ach“, in Isaks Brust. Seine Arbeit ist immer auf das Nächstliegende gerichtet, und dem widmet er sich mit seiner ganzen Kraft. „Isak gehörte nicht zu denen, die umherspähen, er stand nicht auf dem Ausguck nach Glücksfällen, er arbeitete.“ Dabei soll man nicht etwa meinen, da trotte ein Ochse stur die ihm vorgezeichnete Bahn, dumpf und gleichgültig, weil ein unabwendbares

Schicksal das so wollte. Im Gegenteil, Isaks Tage waren von einem Höchstmaß an Lebenslust geprägt. Lust an dem vollbrachten Tagwerk („Ein urbar gemachtes Feld war etwas sehr Gutes, es wirkte auf ihn wie Ordnung und Recht und dazu wie Genuß"), dann der Genuß wohlverdienter Früchte der eigenen Arbeit und – auch im Ödland nicht zum wenigsten – die Vorfreude auf das nächste selbstgesteckte Ziel: „Sie hatten jetzt genug für lange Zeit und waren wohlgeborgene Leute. Was würde sich Isak nun im Frühjahr vornehmen? An die hundertmal hatte er es sich ausgedacht."

Allerdings war Isak nicht alleine auf Sellanraa, und so einfach und gesund wie er waren die Menschen um ihn her nicht alle. Für Isak waren sie manchmal äußerst schwer zu verstehen. „Isak konnte sich diesen heftigen Ausbruch nicht erklären, aber er hatte seine eigenen Ansichten, deshalb ging er mit Hacke und Spaten an den Waldrand und fing an, einen Stein zu bearbeiten." Das ist etwas! Wer ein wenig Abstand braucht, wem die Dinge durcheinandergeraten, der bearbeite einen Stein, was fast dasselbe ist, wie in den Garten zu gehen. Es ist etwas Handfestes, es ist „real". Als solches wirft es zwar auch die bekannten, dem Realen eigenen Probleme auf, aber das sind – von der höheren Warte der seelischen Gesundheit aus gesehen – eben auch wieder keine Probleme. „Also da war nun dieser Stein. Was davon aus der Erde hervorragte, sah nicht besonders groß aus, aber er rührte und regte sich nicht, er mußte also doch ein gewaltiger Brocken sein. Isak grub darum herum und machte einen Versuch mit dem Spaten, aber der Stein rührte sich nicht. Das ist einmal ein Block! dachte Isak in all seiner Geduld. Isak grub weiter, aber dann holte er eine Hebestange und versuchte es damit – nein. Er grub wieder. Nun fing Isak allmählich an etwas ärgerlich auf den Stein zu werden, er runzelte die Stirn und schaute ihn an, wie wenn er eben nur gekommen wäre, um die Steine hier ein wenig zu beaufsichtigen, und wie wenn dieser Stein hier besonders dumm wäre." Ein Bild für die Götter! Wenn irgend etwas unter der Sonne den Göttern Interesse ablocken kann, dann ein solcher Isak. Ein Mensch, der sich abmüht, die Tücken des irdischen Objekts zu bewältigen. Ein Mensch, dem zwischen Wollen und Gelingen immer Anstrengung, Fleiß und Ausdauer und diverse andere, ganz und gar ungöttliche Notwendigkeiten geschaltet sind.

„Isak grub. Endlich bekam er die Spitze der Hebestange darunter – der Stein rührte sich nicht. Er wurde sehr eifrig. Der Stein mußte und sollte heraus! Man konnte nicht sagen, es sei in diesem Trieb von seiten Isaks etwas Perverses gewesen; es war die alte Liebe des Ackerbauern zur Urbarmachung des Bodens, aber gänzlich ohne Zärtlichkeit. Es sah ganz närrisch aus, erst umkreiste er den Stein von allen Seiten, ehe er sich dranmachte, dann grub er ringsherum und betastete ihn und schaufelte die Erde mit den bloßen Händen weg, ja, das tat er. Es war ihm heiß geworden, aber heiß vor Eifer. Wie, wenn er es jetzt wieder mit der Hebestange versuchte? Der Erdarbeiter hatte es im Gefühl, daß der Stein nicht mehr unüberwindlich war. Da glitt die Hebestange ab und warf Isak zu Boden. Verdammt! sagte er. Das fuhr ihm so heraus."

Isaks Kampf mit dem Stein, hier nur auszugsweise wiedergegeben, ist eine vergnügliche Physiognomie ungöttlicher Beharrungsproben. Wem dabei nicht seine Erlebnisse mit gerodeten Baumstümpfen oder umgepflanzten Solitären in den Sinn kommen, der hat wohl für solcherart Arbeit „seine Leute". Und er verzichtet auf allerlei Vergnügen, die, wenn am Ende der Erfolg sich einzustellen beginnt, durch wenig anderes übertroffen werden können: „O dieser Stein ist brauchbar, er gibt eine prächtige Türschwelle. Selbst eine größere Geldsumme würde das Herz des Ödlandbewohners nicht mit solcher Befriedigung erfüllt haben."

Ong Passong

Wo ich herkomme (und bestimmt auch anderswo) machen die Leute vieles einfach „aus der Lamäng". Oder auch „Lameng". Genaues weiß man nicht. Dieses im schönsten Küchenfranzösisch abgefaßte Wort bezeichnet alles, was gewissermaßen nebenher, ohne besondere Aufmerksamkeit oder gar Anstrengung erledigt werden kann. Genauso prägnant beschrieben, obwohl einer höhergelagerten Stilebene angehörend, ist eine Handlung „Ong Passong", im Vorbeigehen. Wiederum also: „nebenher, ohne besondere Aufmerksamkeit"? Nein, genau besehen (wir wollen ein wenig übertreiben) liegen Welten zwischen beiden Formen des Tuns. Auch dann, wenn es sich um gärtnerisches Tun handelt.

Der-aus-der-Hand-arbeitet ist immer auch ein wenig Hoppla-jetzt-komm-ich-Mensch. Wie der an eine Sache herangeht: Pflanzlöcher gräbt, Stauden zusammengreift und zurückschneidet, Hecken stutzt – das kann sich sehen lassen. Eh' man sich versieht, ist der fertig. „Erledigt die Sache! Was kommt jetzt?"

Anders der Gärtner „en passant". Auf dem Weg zur nächsten „echten" Arbeit kommt der an der Efeuwand vorbei und schneidet eben kurz noch zweieinhalb Triebe dabei ab, rupft einige verirrte Gräser aus den Astern, bestaunt den Zuwachs seiner Wisterie, und wenn er endlich angekommen ist, wohin er wollte, hat er gerade soviel Abgeschnittenes und Ausgezupftes in der linken Hand, daß er doch noch einmal zum Kompost muß, bevor er dann tatsächlich... und das Ganze vielleicht noch zwei- oder dreimal! Unversehens werden bei ihm zwei Stunden Gartenarbeit am Samstagnachmittag zur kompletten Tagesschicht (ohne die gesetzlich vorgeschriebenen Pausen), die nur deshalb endet, weil die „verfl... Sonne wieder einmal so früh untergehen muß". Wenn man mit so einem spricht – in seinem Garten versteht sich –, ist der immer ein wenig zerstreut, bückt sich unversehens, reckt sich nach oben, blickt besorgt in irgendeinen Gartenwinkel.

Was ist da los? Der pragmatische Typus eins beherrscht sein Metier und, so viel setzen wir einfach voraus, er liebt die Arbeit, besser noch das Arbeiten und dessen einzelne Techniken. Der andere Typus, natürlich genauso überzeichnet, liebt seinen Garten. Die Gartenarbeit natürlich auch – aber die ist niemals Selbstzweck oder pures Vergnügen. Sie dient, genauso wie der Gärtner, dem Garten. Wer jedoch glaubt, der Garten des Gärtners „en passant" wäre etwas von ihm gänzlich Verschiedenes, täuscht sich sehr. Der Gärtner steckt im Garten, wie das Ich im Leib. Er kann gar nicht an dem kleinen Unkraut vorbeigehen, ohne sich zu bücken. Er muß es ausreißen.

Konsequentes Jäten

Einer der beeindruckendsten Persönlichkeiten der Weltgeschichte, der Amerikaner Benjamin Franklin, Erfinder des Blitzableiters, der bifokalen Brille, des Buchgreifers, des Glasharmoniums; Buchdrucker, Zeitungsmacher, Generalpostmeister; Begründer der ersten Feuerwehr, Leihbibliothek und Straßenpflasterung in Amerika, Diplomat, Volksvertreter, Verfassungsvater, Bundesstaatspräsident und einer der am meisten verehrten Zeitgenossen des 18.Jahrhunderts, verdankt

seine Leistungen nicht zuletzt seiner Konsequenz beim Unkrautjäten!? Das muß erklärt werden!

Als der Kolumnist vom Laien zum Professionellen wurde, in den ersten Wochen der Gärtnerlehre, hatte er die vage und recht eigentlich durch nichts gestützte Vorstellung, daß man als Gärtner nie wieder Unkraut würde jäten müssen. Soll heißen: Er rechnete darauf, daß gegen das Unkraut schon irgendein Kraut gewachsen sein würde, irgendwelche Kniffe existierten, die aus der lästigen Pflicht ein „Fast-Nichts", eine Quantité négligeable werden ließen. Weit gefehlt! Natürlich gedeiht das Unkraut auch bei den Profis munter vor sich hin, selbst dann, wenn dichte (und schöne) Bepflanzung, Mulch, Gründüngung und andere Unterdrückungstechniken einige Erleichterung gewähren.

Nein, Unkraut vergeht nicht! Was man ja auch aus anderen Lebensgebieten kennt. Man kennt es sogar aus dem Pflanzgarten der eigenen Seele. Denn kaum hat man irgendeinen guten Vorsatz dort eingesetzt, wuchern die alten Laster und Lässigkeiten munter darüber hinweg. Wer jetzt nicht jätet, hat verloren. Wer nicht regelmäßig jätet hat verloren. Wer aber – und hier nähern wir uns allmählich besagtem Mr. Franklin – nicht mit System jätet, bleibt womöglich ohne nachhaltigen Erfolg und verliert allmählich die Lust am hegen und pflegen der „Kulturpflanzen".

Franklin wußte das und brachte System in seinen Seelenhaushalt, „wie derjenige, der das Unkraut in einem Garten zu beseitigen hat, keinen Versuch macht, alle die schlechten Gewächse auf einmal zu entfernen, was über seine Kraft und Möglichkeit hinausgehen würde, sondern immer nur an einem der Beete auf einmal arbeitet und erst, nachdem er damit fertig geworden ist, ein zweites in Angriff nimmt".

Was genau Franklin dann tat, wie er sich zu „Mäßigkeit, Ordnung, Entschlossenheit, Sparsamkeit, Fleiß, Aufrichtigkeit, Reinlichkeit, Gemütsruhe, Keuschheit und einigen anderen Tugenden" erzog, entnehmen wir seiner „Autobiographie“ und glauben ihm gerne, daß darin die Grundlage seiner Erfolge lag. Vielleicht dürfen wir sogar darauf hoffen, daß unser beharrliches Unkrautjäten wie eine Art Anleitung und Übung zum Besserwerden funktioniert und seine Nutzanwendung in der therapeutischen Gartenarbeit finden wird.

Krieg im Garten

„Es ging ein Mann in Syrerland ... “ So beginnt Friedrich Rückerts Parabel vom Mann, der einem wildgewordenen Kamel entflieht, in einen Brunnen klettert, sich an einer Brombeerranke festhält und bemerkt, daß unter ihm ein Drache droht, während die Wurzel der Brombeere von zwei Mäusen durchgebissen wird. Was macht der Mann? Er ißt Brombeeren – und genießt! Doch während Rückert dem Mann eine gewisse „unerträgliche Leichtigkeit des Seins“ vorwirft, geht unsere Conclusio durchaus in eine andere Richtung. Im Angesicht drohenden Ungemachs gibt es nur diese eine Haltung. Und wer sich darüber beruhigen will, daß es „jetzt-ja-sowieso-nicht-und-wenn-überhaupt-dann-nicht-so-schlimm-kommt“, hat leider nicht ganz verstanden, wer der Brunnenmann eigentlich ist. Wir alle befinden uns, und zwar ununterbrochen, in seiner Lage! Um uns herum lassen sich ohne Mühe ein halbes Dutzend und mehr Lebensbedrohungen ausmachen, und sicher ist, daß e s jederzeit passieren kann.

Doch das ist auch gar nicht die Frage! Wohl aber, was wir, statt Brombeeren zu essen, sonst unter Lebensgenuß sinnvoll subsumieren können. In einem für die persönliche Lebensbewältigung überaus hilfreichen Buch (Ludwig Reiners, „Die Sorgenfibel“) findet sich für „Lebensgenuß“ das wunderbare Synonym: „vernünftiger glücklicher Augenblick“: Lebensgenuß ist hier und jetzt, wer ihn für später erstrebt, wird ihn stets um die nächste Ecke verschwinden sehen. Wahrer Lebensgenuß steht im Einklang mit den Gesetzen der (moralischen und natürlichen) Welt. Denn ein persönliches „Glück“, das das Unglück anderer Menschen und Wesen zur Voraussetzung hat, ist hohl und schlägt früher oder später mit eherner Notwendigkeit in sein Gegenteil um.

Doch vielleicht wird es langsam Zeit, auf den Garten überzuleiten! Aber eigentlich, von wegen „Lebensgenuß“ und „vernünftiger glücklicher Augenblick“, stehen wir schon mitten darin. „Lauch, Spinat, Mairettich gesät. Auch sah ich Erbsen keimen – zu meiner Erleichterung, denn es ist fast eine fixe Idee von mir, daß nichts angehen wird. Zu meiner Entlastung muß ich sagen, daß alles, was wir heute treiben, solchem Zuwachs widerspricht, der über Nacht und ohne unser Zutun vor sich geht. Uns fehlt vor allem eine Tugend, die man die Kunst des Sich-Beschenken-Lassens nennen kann. Hierin muß man kindlich bleiben, dann kommt das Glück von selbst."

Wir stehen im Garten des Schriftstellers Ernst Jünger. Auch er kennt einige der Bedingungen des Glücks und hat sie der „Schule des Glücklichseins", die der Garten ist, abgeschaut. Die „Tugend des Sich-Beschenken-Lassens" gehört unbedingt dazu. Es ist eine unmoderne Tugend, wie Tugenden alten Zuschnitts überhaupt unmodern geworden sind. Sich beschenken lassen verpflichtet. Man steht in der Schuld des Schenkenden und darf nicht eher ruhen, bis die Schuld abgetragen ist. Diese Un-Ruhe wiederum kann man sich gar nicht leisten, man ist ohnehin nervös genug und hat Wichtigeres zu tun. Nein, sich beschenken zu lassen hat für uns Heutige nicht zwingend mit Glück zu tun.

Dabei hat Jünger natürlich noch ganz anderes im Sinn als das Schenken unter Menschen: „Zuwachs, der über Nacht und ohne unser Zutun vor sich geht". Auch da sind wir wieder bei den Gesetzen der Welt, den natürlichen und den moralischen, die zu erkennen und vor allem zu respektieren, auch nicht gerade eine zeitgenössische Hauptübung darstellt. Lieber würde mancher von uns, wie der Bauer im Märchen, den Weizen aus dem Boden und in die Länge ziehen, als ihn geduldig aufwachsen und stets gefährdet zu sehen. Genauer betrachtet läuft vieles nach diesem Muster und läuft genauso schief und in die Irre. Nichts, weder in der Welt noch in uns selbst, darf heute nach eigener Art und Weise wachsen und werden. Alles wird zu früh aus dem Boden gerissen und ans Licht gezerrt. Die Früchte, die uns allmählich reifen sollten, werden halbroh gepflückt und auf den Markt geworfen. Und vom mangelnden Respekt vor den inneren Gesetzen aller Wesen ist es nur noch ein Schritt bis zu deren Vergewaltigung und Vernichtung.

Und hier schließen sich die Kreise. Während der Gärtner in seinem Garten „vernünftige glückliche Augenblicke" des Lebensgenusses erlebt und sich beschenken läßt, umstellen die Kamele und Drachen unbemerkt seinen Garten. Jüngers Tagebuchnotiz rückt in ein grelleres Licht, wenn man liest, unter welchem

Datum sie notiert wurde. Es ist der 11. April 1939, also eine Zeit, in der „alles was wir heute treiben, solchem Zuwachs widerspricht". Wenige Monate später nimmt das drohende Ungemach Gestalt an. „Die Unordnung der Welt erscheint an manchen Tagen fast übermächtig, so daß man verzweifelt, sie je zu bändigen. Ich ordne den Schreibtisch, die Wäsche, die Gartengeräte, jedoch mit Unlust im Hintergrund. Es liegt darin wohl auch die Einsicht, daß alles, was wir schaffen und sammeln, zugrunde gehen wird." Das schreibt Ernst Jünger, der Wehrmachtsoffizier, am 16.8.1939, zwei Tage vor dem Mobilmachungsbescheid.

Garten und Krieg schließen einander aus. Wo Krieg ist, kann der Garten nicht sein. Das wird nicht erst mit der Vernachlässigung oder gar Zerstörung der Gärten offenbar. Schon wenn der Krieg das Fühlen und Denken der Menschen besetzt, wenn Aggression und Furcht an die Stelle des Hegens und Sorgens treten, zieht sich der Garten zurück. Wo Garten ist, kann kein Krieg sein. Auch das gilt! Der Garten lehrt den Respekt vor allen Wesen und ihrem inneren Gesetz. Wer aber bereit ist, sich dem Garten anzuvertrauen, für den ist Frieden mitten im Krieg: 6. November 1942 (Fronturlaub), „Nachmittags Möhren, Sellerie und Rote Beete ausgegraben und in den Keller gebracht. Bei solcher Arbeit in der Erde fühlt man, wie die Gesundheit wiederkehrt."

Vom Suchen und Finden

Mit dem Suchen hat es eine besondere Bewandtnis – und mit dem Finden erst! Dabei ist Finden mitnichten eine zwangsläufige Folge des Suchens, Suchen auch keine Bedingung des Findens. Denn „wer suchet, der findet" in der Regel nicht mehr als das, was er auch sucht. Und obwohl dies einige Befriedigung gewähren mag, ist es nicht eben gerade viel. Nein, wahres Finden spielt sich nach einer anderen Dramaturgie ab: „In einem der heimlichen Täler (des Rheins) stand hoch über der Straße eine Felswand. Mühsam kletterte ich über Gestrüpp und Geröll hinauf, um zu tausendundeiner Messung eine tausendzweite hinzuzufügen. Aber statt der erwarteten Daten fand ich etwas ganz Überraschendes. Dort stand, auf die genaue senkrechte Schieferplatte gezeichnet, der schlanke Stengel einer Seelilie. Welch ein Fund! Wie wenige voll entwickelte Stücke wurden überhaupt bisher gefunden. Und selbst diese wenigen: Kaum eines ist vom Geologen selbst im Stein entdeckt und aus ihm gelöst worden. Und nun steht plötzlich vor mir wie eine zum Aufspringen bereite Knospe dieser liebliche Kelch und wartet darauf, daß ich die schon halb gelöste Platte aus dem Berg befreie. Denn pflücken wir sie nicht, so bricht sie der Winter mit dem Hebel seiner Fröste, und das Frühjahr wird die schon gebrechliche Stütze des schwachen Stengels und des lastenden Köpfchens in ein Häuflein braungrauer Scherben zerbröckeln und mit Lehm und Schutt über die steile Halde ins Tal schicken."

Hans Cloos, einer der bedeutendsten Geologen dieses Jahrhunderts, Forscher, akademischer Lehrer und Autor des auch geologische Laien begeisternden „Gespräch mit der Erde", beschreibt diese Szene eines unerwarteten Fundes. Der Fund war unerwartet, aber nicht unvorbereitet. Doch diese Vorbereitung war nicht weniger als ein ganzes in Fleiß und Hingabe an die gewählte Wissenschaft gelebtes Leben. In der durch Sprache und Gesinnung an Karl Förster erinnernden Schilderung klingen die Bedingungen höheren Findens an: Die wahren Funde ereignen sich abseits der Hauptrouten, in den Seitentälern des Lebens. Der Weg, der zu ihnen führt, ist steil, anstrengend und steht im Dienste eines geliebten, aber fordernden Berufs (oder einer anderen intensiven Betätigung). Der Finder ist ein Kenner, sein Blick geschult und auf das Wesentliche ausgerichtet. Er ist auch ehrfürchtig und seines Fundes würdig – wenngleich eine solche Charakterisierung für unsere, im Umgang mit den Dingen und Wesen hemmungslose Zivilisation, anrüchig erscheinen mag.

Ähnliches hat auch Ann Morrow Lindbergh im Sinn, wenn sie den Muschelsucher am Strand warnt: „Man darf nicht danach suchen oder etwa gar danach graben! Nach Schätzen zu graben beweist nicht nur Ungeduld und Gier, auch Mangel an Glauben."

Die Funde des gläubigen Gärtners sind zumeist privater Natur, Vervollständigungen seines Welt-Bildes, Beglückungen seiner Passion. Und der hat Goethe eine Findens-Hymne verfaßt: „Ich ging im Walde/ So für mich hin,/ Und nichts zu suchen,/ war mein Sinn. ... Im Schatten sah ich/ ein Blümchen stehn,/ Wie Sterne leuchtend,/Wie Äuglein schön. ... Ich grubs mit allen/ den Würzlein aus,/ Zum Garten trug ichs/ Am hübschen Haus."

Bückberufe

Zu den oft beneideten Berufen gehören – zumindest an den Tagen, an denen sich die Welt sonnenwarm und der Himmel von seiner blauen, bestenfalls schönwetterbewölkten Seite zeigt – die Draußenberufe: Förster, Winzer und eben auch der Gärtner. „Sie haben es gut, den ganzen Tag an der frischen Luft", heißt es dann. Daß man auch an Tagen mit noch viel frischerer Luft und einhundert Prozent absoluter Luftfeuchtigkeit seinem geliebten Beruf nachgehen muß, wird dabei gerne vergessen. Und auch sonst noch einiges. Sei's drum!

Selbst auf die Gefahr hin, ähnlichen Klischees zu erliegen, möchte ich meine Sympathie für einen anderen Beruf erwähnen, welcher gewiß nicht zu den Traumjobs gerechnet wird. Ich meine den des Kellners. Einem guten Kellner kann man mit großem Vergnügen zusehen und stets aufs neue die beinahe unmögliche Verbindung von selbstsicherer Würde, bei gleichzeitiger höchster aufmerksamer Zuwendung gegenüber dem Gast bewundern. Diese Zuwendung gilt dabei gewissermaßen dem Menschen, von dem Goethe fordert, daß er „edel" zu sein habe, „hilfreich und gut", und nicht unbedingt den Menschen in ihren konkreten, nicht immer gerade edlen Erscheinungsformen.

Dieses ausführliche Vorspiel mußte sein, ehe der Schweizer Schriftsteller Thomas Hürlimann („Das Gartenhaus") zu Wort kommen kann und die gärtnernden Kellner sich beleidigt fühlten. „Eines Morgens hörte sie eine Gärtnerrede, die sie nie mehr vergaß. Der Gärtnerberuf, so sprach der alte Mann vor sich hin, sei ein Bückberuf. Aber der Gärtner, anders als die schäbigen Servierkellner, beuge sich niemals vor den Menschen, nein, er verneige sich vor den Restbeständen des Paradieses. Denn jede Gartenanlage sei das Bemühen um die Wiederherstellung des ersten Gartens, Eden genannt, und dorthin, nicht etwa in eine leere Ewigkeit, kehre der Mensch zurück. Folglich bitte er darum, sein Grab anständig zu bepflanzen."

Nicht jeder Servierkellner, siehe oben, buckelt vor den Gästen an seinen Tischen. Nicht jeder Gärtner verneigt sich vor den „Resten des Paradieses". Aber immerhin! Dieses Bild, einmal ausgesprochen, läßt sich nicht mehr ohne weiteres übergehen. Es wirft ein milderes Licht auf die vielen Seufzer, die über Rabatten und Beete schon zum Himmel gestiegen sind. Und es ist etwas dran an diesem Bild. Wer etwas im Garten erreichen will, muß sich zwangsläufig zu seinen Zöglingen hinunterbeugen und die unabänderlichen Gesetze ihrer Wohlfahrt beachten. Und das aller menschlich-technischen Errungenschaften zum Trotz. Denn kaum daß die Pflanze im eigenen Gärtchen angesiedelt wurde, verhält sie sich nach dem „Gesetz, nach dem sie angetreten“. Nur wer sich diesen unabänderlichen Gesetzen beugt, sich buchstäblich zu den Pflanzen hinabbeugt, wird sich seinem Bild vom Garten mit Erfolg nähern. Das ist ein Merkmal des einstigen Lebens im Garten Eden: im Einklang zu sein mit den Gesetzen, die einer größeren Ordnung angehören als unserer menschlich-ausgedachten.

Selig und sinnlich

Mittelalterliche Klostergärten lagen beschaulich hinter hohen Mauern gefaßt, den Unbilden der Straße entzogen, als Teil einer heiligen Institution über jede Kritik erhaben, kurz: ideale Orte für Arbeit und Kontemplation. Soviel die Legende. Oder das Vorurteil. Wer den Roman „Der Name der Rose“ des Mittelalterkenners Umberto Eco liest, dem werden sich andere, deftigere Bilder in das Tableau vom mittelalterlichen (Kloster-) Garten einflechten. Da geht es schlimmer zu als „im richtigen Leben“, und da wir uns das Mittelalter zwar nicht eigentlich dunkel, aber in den Kategorien „Gut und Böse“, „Selig und Sinnlich“ plakativer vorstellen dürfen, hat Eco wahrscheinlich das „richtige mittelalterliche Leben“ im Focus seines Romans.

Aber um Eco geht es hier nicht. Wohl um das Kloster. Und um „Selig und Sinnlich“ geht es hier auch. Gerold Späth, ein Schweizer Literat, schrieb den Gegenwartsroman „Stilles Gelände am See“. Es ist ein Kaleidoskop der Typen und Taten aus Rapperswil am Zürichsee. Da ist aus jeder Weltecke etwas dabei, selbst Gärtner betreten die Roman-Bühne:

„Der Kapuzinerpater Irenäus war bestallter Stadtprediger während Jahrzehnte, und noch länger besorgte er den Klostergarten. Er war ein kleinwüchsiger zwinkeräugiger Mann: ein Gartenzwerg in der Kutte – darüber hat er weder gelacht noch sich geärgert, Gartenzwerg war ihm gerade recht, denn er hegte die Meinung, daß man ihn so nenne, mache der Erde klar, daß er wahrhaftig ein

Gartenzwerg sei, also brauche er sich seiner Erde nicht immer wieder zu erklären; und übrigens habe sie ihn schon lange verstanden, sie weihe ihn willig in ihre Kunststücke ein."

Der Kapuzinerpater stand während seiner Predigten dem Himmel durchaus nicht fern, hoch oben auf der Kanzel, und auch sonst legt Späth eher einen tugendhaften Charakter nahe. Doch darin liegt kein Widerspruch zu jenem anderen Pol des Lebens – Sinnlichkeit ist für den kleinen Pater kein Fremdwort. Wenn er die Erde mit einer Kuh vergleicht, hat er nicht allein das Nährende im Blick, daß wir mit ihr gerne assoziieren. Denn vor dem Nähren-Können kommt jene andere biologische Realität: „Die gute Erde wolle gut besprungen und kräftig bestoßen und besamt werden, sie sei ein heißer Brunstschoß, liege offen vor, drum sie nie grob bearbeiten, stets behutsam auftreten und sie nur kraulen mit Häkelchen und Rechen, freundlich in Wallung kitzeln, dann erst hinein den guten Samen. Er sagte auch, die Erde sei ein immer erregbares Weib, gemacht zum Streicheln und Greifen, sie seufze bei Tag und schmachte bei Nacht, sie locke und reize den guten Gärtner mit ihren Gerüchen, sie ziehe ihn immer hinab in ihre funkelnde sämige Brunst."

Stark, nicht wahr? Also: stark im Bild, im sprachlichen Ausdruck. Als Vermittler dieser Worte neigt man nur allzu schnell dazu, eine Übersetzung ins Abstrakte anzufertigen, kurz: ins Langweilige. Doch muß sich rechtfertigen, wer des Kapuziners Bild gut findet? Vor wem? Vor den Frauen? Nein, denn es geht nicht um Chauvinismus, die weibliche Gärtnerin kann das Erlebnis des Paters geradesogut teilen wie ihre männlichen Kollegen. Vor den Tugendwächtern aller Couleur? Das setzte voraus, hier spielte sich etwas Untugendhaftes ab. Doch warum? Erstens ist der Gärtner nicht an ein Zölibat gebunden, zweitens muß seine Beziehung zu dem in seine Gartengrenzen eingefaßten Weib Erde als mindestens eheähnlich charakterisiert werden – mit allen Vor- und Nachteilen übrigens – und drittens … . Jetzt sind wir unversehens doch in eine Rechtfertigungsrede geraten.

Nein, zwischen Sinnlichkeit und Seligkeit liegt kein Abgrund, nicht einmal ein schmaler Grat, den es auszubalancieren gäbe, um von dort nach hier zu gelangen.

Sonne, Pflanze, Tier und Stein – der Kosmos des Gartens

Der Garten als Beobachtungsort führt uns, über alle Spezialisierungen hinaus, zum Beobachteten selbst, zu den Pflanzen und Tieren, die wir hegen oder die von selbst die Grenzen unseres Gartens überschreiten, dauernd oder als mehr oder weniger häufige, mehr oder weniger geduldete Gäste.

Kann man das auch außerhalb des Gartens? Gewiß, darüber besteht kein Zweifel. Wer das aber außerhalb des Gartens nicht so gut beherrscht, wem die weite Welt der Naturwesen und Naturgesetze zu weit und sinnenverwirrend ist, dem hilft das überschaubare Reich des (eigenen) Gartens dazu, einen Anfang zu finden. Im Garten wird der Himmel zu meinem Himmel, das Rotkehlchen zu meinem Rotkehlchen, und auch alle anderen: Wespen und Wolken, Tauben, Tomaten und Tonklumpen werden, weil sie mir in besonderer Weise näherkommen als außerhalb des Gartenzauns, in einem eigenartigen Sinn meine.

Wiederholung spielt hier eine bedeutende Rolle – Erneuerung, Wiederkehr und Rhythmus sind auch Funktionen des Lebens. Wer, wie der Gärtner, täglich oder doch regelmäßig zum Lebendigen zurückkehrt, wird dieser Phänomene allmählich inne. Natur wird vertraut, Pflanzen- und Tierindividuen offenbaren nach und nach die Geheimnisse ihres Typus. Die Schleier der Isis werden gelüftet – nur um neue, größere Geheimnisse zu offenbaren.

Idylle ist das übrigens nicht. Und Vertrautsein heißt nicht, plump-vertraulich zu werden. Denn über aller Wißbegier entfaltet sich unsere zurückhaltende Behutsamkeit. Je mehr Zusammenhänge für uns sichtbar werden, desto vorsichtiger bewegen wir uns durch unseren Garten, desto aufmerksamer achten wir darauf, was unser Handeln bewirkt.

Nach und nach dann wird dem Gärtner erlebbar, was der Garten ihm alles zu schenken vermag. Genauer besehen, ist es die ganze Welt, insofern der natürliche Kosmos damit gemeint sein kann. Der Aufblick zu den Sternen, unter biologisch-dynamischen Gärtnern längst ausdifferenzierte Selbstverständlichkeit, gehört dazu und der Blick in die Tiefen der Erde und des Wassers. Was vordem abstrakte Wissenschaft gewesen sein mag – Chemie, Geologie, Meteorologie –

hier bekommt es Sinn und tiefere Bedeutung. Schon mancher, der einfach nur Blumen hegen wollte, hat dabei für sich oder gar für die Fachwelt Bedeutendes entdeckt – die Pfarrer Mendel der Vergangenheit und der Zukunft lassen grüßen!

Aus all diesen Überlegungen läßt sich übrigens handfester Trost ableiten. Wie und wann? Immer dann, wenn wir wieder einmal kopfschüttelnd vor den traurigen Überresten einer geliebten Pflanze stehen? „Wer?“ fragen wir dann vielleicht wieder grimmig. „Wer oder was hat hier zerstört und warum?“ Was dann allmählich zum Vorschein kommt, ist nicht nur ein Übeltäter, sind keine einfachen Ursache-Wirkungsmechanismen, sondern differenzierte Zusammenhänge von Wesen und Kräften. So mag der Garten um einzelne Pflanzen ärmer werden, unser Wissen und Können jedoch nimmt zu, und wir selbst werden in dieser Welt immer heimischer. Und was vordem Schädling hieß oder Feind – Maulwürfe, Stechmücken oder Rotpustelpilze –, ist auf einmal „guter Bekannter“. Daß wir ihnen den Garten zur freien Verfügung überlassen, ist damit ja schließlich nicht gesagt!

Des Guten zuviel

Von den Grenzen des Gartens ist schon die Rede gewesen. Was der Arbeit des Gärtners deutliche Grenzen setzt, ist vor allem der Mangel: Mangel an Licht, Wärme, Feuchte oder einfach Mangel an bepflanzbarem Boden. Daß auch Überfluß an diesen Gütern das Gärtnern hemmen könnte, lehrt „Redmonds Dschungelbuch“.

Redmond O’Hanlon, Doktor der Literaturgeschichte in Oxford, trieb Abenteuerlust und die Leidenschaft zur Ornithologie auf eine Expedition in die inneren Amazonasgebiete, ins Land der berüchtigten Yanomani-Indianer. „Redmonds Dschungelbuch“ ist eine Lektüre, die man ungern unterbricht: sehr witzig, sehr spannend – very british – mit einem Wort: lesenswert!

O'Hanlon, der Spielcasinobesitzer Simon, ein venezolanischer Ökologe und ihre indianischen Begleiter kämpfen sich im Einbaum oder zu Fuß durch den schier undurchdringlichen Regenwald. Am Ende unbeschreiblicher Strapazen ist es geschafft: Die Lichtung mit Dorf und Pflanzung der Yanomani – der „Shabono" – liegt vor ihnen. Es ist eine friedliche Begegnung und für O'Hanlon die Erfahrung einer äußerst fremdartigen Kultur. Das Leben der Yanomani ist den unerbittlichen Gesetzen des Dschungels unterworfen. Dessen Regeln sind immer eindeutig, auch was die „Gärten" der Indianer angeht: „Die Männer mit den größten Familien und den meisten Frauen können die größten Gärten bearbeiten." Von Gartenlust kann bei den Yanomani keine Rede sein: Die Pflege von Bananenstauden, Pfirsichpalmen und anderen Ergänzungen des jagdlichen Speisezettels ist überlebenswichtig, und der Dschungel ist keineswegs paradiesische Fülle, sondern ständige Herausforderung an die Tüchtigkeit der Jäger. Hier lebt und wächst es in eigener, unüberschaubarer Fülle und Regellosigkeit. Wer im Dschungel den Boden urbar macht, pflanzt und pflegt, kämpft gegen den erstikkenden Überfluß einer im engsten Sinne des Wortes „unmenschlichen" Natur. Im Regenwald ist der „Garten" so eng an die unaufhörliche Arbeit des Gärtners gebunden, wie an kaum einem anderen Ort. Wenn sich die Yanomani aufmachen, um einen neuen Shabono zu suchen, schließt sich – wie ein Vorhang – die Wildnis im Handumdrehen hinter ihnen zusammen.

„In jenen inneren Regionen des neuen Erdteils", schrieb Alexander von Humboldt, „gewöhnten wir uns fast daran, Menschen als unwesentlich für die Ordnung der Natur zu betrachten. Die Erde ist voller Pflanzen, und nichts behindert ihre freie Entwicklung. Dieser Aspekt der Natur, in welcher der Mensch nichts ist, enthält etwas Fremdartiges und Trauriges."

Das Gegenbild solcher Schwermut ist die Heiterkeit einer gesunden, agrarisch geprägten Kulturlandschaft – ist der Garten, der im ganzen und in allen seinen Teilen die sanfte Macht einfühlsamer Menschen verrät.

So wichtig auch der Schutz der großen, lebendampfenden Regenwälder geworden ist, sie sind nicht das verlorene Paradies, der Garten Eden, in dem unschuldige Menschen ihr Leben froh genießen können. Hier ist das Leben zu sehr ans Überleben gebunden. Lebensgenuß beginnt erst dort, wo Mangel und Überfluß gleichermaßen zurückgedrängt wurden und die Welt zum Garten werden kann.

Jenseits von Eden

Um das Aussehen des Gartens zur eigenen Zufriedenheit zu ändern, bedarf es häufig zunächst der Veränderung der eigenen Ansichten. Wir alle stolpern auf die ungenügenden Bilder zu, in denen unsere Vorstellungskraft eine bessere Welt vorwegzunehmen hofft. Wenn nicht gerade die Notwendigkeit des Augenblicks, der Kampf mit den Unbilden des Daseins auf der Bühne unseres Bewußtseins herrschen, beackern wir alle mehr oder weniger fleißig unseren Haus-Garten Eden. Der ist mal ein Gärtlein von einigen Dutzend Quadratmetern, gehegt und umsorgt, ein anderes Mal mißt das Privatparadies nach Hektar, ist dereinst als Landschaftspark angelegt und heute angesichts seiner Unpflegbarkeit zum ausgewachsenen Ärgernis geworden. Was soll man tun?

„Die Parklandschaft wollte nicht entstehen. Die Brombeeren sind schneller gewesen. Wo sie nicht wucherten, gab es wilde Rosen, im Schmuck der Hagebutten, die sich in der Augustsonne röteten. Über einjährige Brombeerranken kann man hinwegschreiten, wenn man wie ein Storch die Beine hebt. Aber ein dreijähriges Dickicht ist ohne Haumesser nicht mehr zu bezwingen. Die Ranken stützen sich aufeinander, die jungen bespringen die alten, man bräuchte die Haut eines Elefanten. Auch die Brombeeren fanden ihre Feinde: Schlehen und Waldreben. Was sie besetzen, müssen die Brombeeren räumen. Drei Viertel der früheren Felder sind heute so unzugänglich und dornenbewehrt, daß sie seit zehn Jahren keines Menschen Fuß mehr betreten hat."

Der Psychologe Wolfgang Schmidbauer hatte seinen toskanischen Traum verwirklicht: ein altes Haus und ein großes Stück Land, das von den Schäfern verlassen und seinem Schicksal übergeben worden war. Während sich vor Schmidbauers innerem Auge Eiche und Kastanie, Pinie und Ahorn noch in anmutigen Gruppen zu einer Parklandschaft formten, waren die wuchernden Soldaten der Wildnis bereits auf dem Vormarsch. Was sollte er tun?

„Die Ansichten des Gartens zur eigenen Zufriedenheit zu ändern ... " Schmidbauer entschied sich gegen den groben und in aller Regel auch teuren Eingriff draußen. Drinnen aber, dort, wo die wahre Zufriedenheit wurzelt, legte er einen entscheidenden Hebel um: „So freue ich mich über Lichtungen, wo ungestört Büschelgras und Oregano wachsen, über die bemoosten Felsen, auf denen Schlehen klein und gedrungen bleiben wie Bonsais, so daß Raum bleibt für einen

Bewunderer der Wildnis, der gelegentlich mit der Gartenschere einen sperrenden Zweig oder eine Ranke abschneidet, die sich in seinen Kleidern verbissen hat." Dieser Gärtner hat sein Paradies jenseits von Eden gefunden. Vorbei die Qualen der Diskrepanz zwischen Wunsch und Wirklichkeit, vorbei der ewige, atemlose Wettlauf gegen die verstreichende Zeit. Nicht, daß nicht andere zu einer gänzlich anderen Erfahrung kommen könnten – denn nicht das „Was" bestimmt den Grad unserer Zufriedenheit, sondern das „Wie". Eines aber wird offensichtlich: Auch jenseits unserer Träume wartet – als Belohnung unserer einsichtigen Resignation – das Glück. „Oft stehe ich sorglos da und atme nur: Thymian und wilde Minze, Ginster und Wacholderharz."

Das wird nicht getan

Wer einen Flugdrachen ganz schlicht mit Holzkreuz, Pergamentpapier und langem Schwanz bauen will, der nehme die diversen benötigten Materialien. Wenn wir streng nach Vorbild oder Anleitung arbeiten, kommt nachher bei genügend Wind dieser bunte Fleck am Himmel heraus, der uns soviel Freude machen kann. Mit ein bißchen Geschick und Technik geht das schon!

Der Mensch denkt, und dann baut er, nutzt die Kenntnisse diverser Naturgesetze und -tatsachen weidlich aus, macht sein Leben erträglicher und „reicher". Wer will, kann auch im Gartenbauberuf seinen „Techniker" machen. Ich gestehe, eine Vollendung der Gartenlaufbahn, die ich mir nie habe vorstellen können. „Meister" ja, das hat was, das klingt dem stets lauernden inneren Romantiker sehr nach Ebenholz und Patina, nach gut und gediegen. Aber „Techniker", das klingt nach Beherrschung und Regelung, Verfügbarkeit und Machbarkeit. Wessen? Der Natur! Zur Produktion einer *Chamaecyparis* nehme man einen Grünsteckling, Topf, sterile Erde, einen Folientunnel und wenn man Glück hat, steht in fünf Jahren etwas vor uns, was problemlos für 23 € verkauft werden kann. Und wenn man kein Glück hat, steht gar nichts vor uns. Dann ist da nichts Nennenswertes gewachsen. Keine Wurzeln wollten den traurigen Zweig im Topf verankern. Niemand weiß, warum nicht!

Drachen bauen, das wird getan! Bäume produzieren, das wird nicht getan, das geschieht! Im Entscheidenden von alleine! Wenn der Baum nicht will, wird es ihn nicht geben. Bildlich gesprochen. Natürlich wird es ihn zu 94 % in der Baumschule doch geben. Aber nicht etwa, weil wir wüßten, wie man Bäume macht, sondern weil wir wissen, was man an Bedingungen bereitstellen muß, damit sie sich selbst machen können. Da hilft nicht einmal Gentechnik. Denn

auch die ist nicht mehr als ein geschicktes Bedienen der Knöpfe und Hebel. Am Ende kommt dann zwar noch zuverlässiger heraus, was unseren Erwartungen entsprechend eben herauskommen soll. Aber es kommt doch wieder nur aus dem schwarzen Loch des Lebens, manipuliert, aber ursprünglich und unverständlich wie immer.

Gehen wir, zur Beruhigung unseres Gemüts, in den Garten. „Um das Haus herum liegt das bebaute Land, nicht viel eigenes, nur ein kleiner Blumengarten, aber unabsehbar die Wiesen und Äcker, sauber mit gesteckten Zäunen aneinandergenäht und mit den hellen Bandschleifen der Wege geschmückt. Da ist nirgends eine Busch oder ein Baum, den ich nicht kenne, und ich wüßte für jeden Tag des Jahres zu sagen, hinter welchem Wipfel auf dem Kamm des Berges die Sonne untergehen wird. Ach, welch unanfechtbares, nie versagendes Glück, am Abend noch einmal vor die Tür zu treten und am Größeren Maß zu nehmen für die kleine Welt der Träume, für den Schlaf."

Karl Heinrich Waggerl, der Mann, der so schöne Scherenschnitte seinen kleinen, feinen Poetereien hinzufügt, geht in den Garten. In der „Kunst des Müßiggangs" gehört dieser Gang gewissermaßen zu den Lektionen dazu. Das hat nichts von Technik an sich. Auch kein handfester Pragmatismus mischt sich hier hinein. Am Abend läßt der Gärtner von seinem Tagwerk ab und übergibt sich, wenn er kann, dem, was er selbst nicht ist. Er nimmt am Großen und Ganzen der Natur Maß. „Der Tag wölbte sich blau mit freundlicher Duldsamkeit über alles Menschenwerk, aber nun reißt die Nacht den Himmel auf für das zeitlose Wirken der Gestirne in ihrer Einsamkeit. Die Natur verharrt zu dieser Stunde gleichsam in sich gekehrt, einem Urereignis hingegeben, das sie allein bewältigen muß, niemand kann daran rühren, das wird nicht getan, das geschieht."

Die Stille der Abendstunde, der gestirnte Himmel, auch das ist ein Teil der Welt. „Geheimnis" würde die Romantik dazu sagen. Für den Schraubenschlüssel der Weltmechaniker verschlossen auch in diesem Fall. Aber nicht im Sinne der Eigengesetzlichkeit des Lebendigen, denn atmosphärische Erscheinungen lassen sich ganz auf ihre physikalischen Ursachen zurückführen. Nein, hier berühren wir den feineren Stoff der Welt. Das „Seelische" sagte man früher, und wenn man vergessen kann, daß das „Unterbewußte" Freuds diesen Begriff okkupiert hat und auf seinen Klang lauscht, wird man die Namenwahl tolerieren. Wer den groben Stoff wahrnehmen will, muß die Augen öffnen oder die Hand ausstrecken und tasten. Auch der feinere Stoff braucht seine Sinnesorgane. Die sind vielleicht angeboren, aber wer sie nicht übt, dem verkümmern sie. Dichter tun das, Gärtner hoffentlich auch. Abends, wenn die Arbeit ruht und wir einen Müßiggang durch den Garten tun. Wenn wir Maß nehmen an dem großen Atem der Natur. Wenn wir darin einklingen und wenn in der kleinen, rätselvollen

Menschenseele die rätselvolle Seele des Ganzen nachhallt. Daß ein solcher Gedankengang durch den Garten unzeitgemäß ist, bedeutet gar nichts. Denn wer die angesprochenen Sinne üben mag, dem verifizieren sie sich von alleine.

Von Löchern im Boden

Wer andern eine Grube gräbt, ... ist Bauarbeiter. Der Witz dürfte bekannt sein. Wer sich aber selbst eine Grube gräbt, im Garten, dem sollte man ein wenig über die Schulter sehen, es könnte etwas Besonderes dabei herauskommen! Warum gräbt einer in die Tiefe? Tatsächlich läuft das oft auf eine Baulichkeit hinaus: Irgendein Fundament, ein Keller muß ausgehoben, eine Kompostkuhle geschaufelt oder gar ein sogenanntes Biotop, also ein Loch für Wasser, gebuddelt werden.

Doch es gibt Spannenderes zu entdecken, wo Erde nach oben geholt wird. Bodenprofile zum Beispiel. Gelernt haben wir das alle, „kennen" die Aussagekraft von Anstichen als Vorauswissen um Sorgen oder Segen, die uns in dem zukünftigen Garten erwarten. Aber haben wir uns je ernsthaft damit abgegeben? Dabei ist uns einiges Vergnügen vorenthalten geblieben. Zufällige Anstiche irgendwo auf Baustellen oder in Gärten halten geologische und bisweilen sogar ins Archäologische spielende Entdeckerfreuden bereit. Und man ist immer wieder erstaunt, wie knapp unter der Erdoberfläche der Fels, die harte, undurchdringliche Realität des Physisch-Physikalischen beginnt. Demgegenüber ist die bewurzelbare Krume, der Boden, und sei er noch so lehmig und versteint, nicht mehr als eine darübergehauchte Patina, ein Nichts, dem wir doch alles verdanken!

Von nicht geringem Interesse ist auch die dunkle Seite der Pflanze: ihre Wurzelphysiognomie. Zwar gibt es von den verschiedenen Wurzel-Charakteren wunderbare Glaskastenanschnitte zu betrachten (auch in der Literatur, zum Beispiel von J. Bockemühl), doch sie in der Grube „nach der Natur selbst zu präparieren", ist weitaus reizvoller. Und daß man bei solchem vorsichtigen Tun auch allerlei Tierspuren und die unterirdisch Hausenden selbst freilegt, versteht sich von selbst – da staunt mancher Alterfahrene bestimmt nicht schlecht, wenn er mit einemmal begreift, was sich so alles unter seinen Füßen abspielt.

„Neben dem Gärtchen hatte er (der Vater) in Großvaters Wiese ein viereckiges Loch ausgegraben, nicht tief, immerhin genügend, um, wenn man es geschickt anfing, ein Bein darin zu brechen. Vor diesem Loch wurde ich mild gewarnt, hierauf als verständiger Bub ermächtigt, vorsichtig rings um den Rand herumzuwandeln und hinunterzugucken. Die Erlaubnis nutzte ich begierig; beständig mochte ich am Rande des Abgründleins weilen und mit dem Blick die abenteuerliche Tiefe (etwa ein Meter) zu ergründen."

Löcher im Boden sind – der junge Carl Spitteler hatte es selbst erfahren – Archetypen. Pfützen mit Wasser übrigens auch. Auch ein Fünfminutenfeuer aus Stroh und trockenem Reisig. Sie alle sind, was sie sind und zugleich unendlich viel mehr. In jedem Feuer brennt das (Ur-)Feuer, in dessen Flackern und Flammen sich unser Träumen verliert. In jedem Wasserloch und -lauf rauscht das ewig-eine, ununterbrochen sich wandelnde Wasser. Und in jedem Loch ist der Abgrund verborgen, das Bodenlose, die Tiefe, in die hinabzustürzen uns manchmal, bei gleichzeitigem Zurückschrecken, in den Sinn kommt.

Löcher im Garten. Ein Thema mit reichlich Variationen. Schon Karl Förster hat den Rückgang des Hohlweg-Motivs in der Gartengestaltung seiner Zeit beklagt. Hohlwege sind Löcher in abgeschwächter Form, dahinein man sich ein wenig verlieren kann – wenn man will. Wer noch weiter gehen will, grabe sich spiralförmig in die Tiefe, mit etwas Platz kommt man gute zwei Meter in die Erde hinein und gewinnt, selbst auf kleinstem Raum, eine vielgestaltig durch Licht-Schatten-, Trocken-Feuchte-Gegensätze gegliederte Mikrolandschaft.

Ebenso Höhlungen für Tiere, künstlich angelegt, klein und knapp unter der Oberfläche eines Pflanzhügels oder weitläufig, als unterirdische Labyrinthe für Kröten und Igel. Die haben dann von der Seite einsehbare Eingänge, aus denen es herausdunkelt, aber außerdem, für zu Recht ganz Neugierige, findet sich an manchen Stellen obenauf ein Deckel, den man vorsichtig abnehmen und unter dem man nachsehen kann, wie die Natur das so macht.

Löcher in alten Bäumen und Sträuchern, mit stehendem Wasser und allmählich weiterfressender, milder Fäulnis, an denen man, gerade weil man es besser weiß, einmal nicht herumdoktert. Die man läßt, weil man Löcher in Bäumen schätzt und Wasser darin und auch Mückenlarven. Und dieses unergründliche Gefühl von Abgrund und Wasser, auch in dem kleinsten Hohlraum und der kleinsten Pfütze.

Künstlerischer geht es natürlich auch. Löcher en gros, gezielt in eine in die Tiefe des Gartens hineinverschwindende Strauchpflanzung aus *Rhododendron* und *Taxus, Liguster* oder aus weniger leicht zu domestizierenden Pflanzen, geschnitten wie das Netz einer Trichterspinne und so behutsam über Jahre geformt, wie eine Buchsbaumkugel oder Eibenpyramide. Wer diese Gartentiefe nicht hat, mag sich an dem *Euonymus*- Bodengestrüpp versuchen oder er nehme ein Drahtgeflecht, einige wüchsige Efeu, betitele das Ganze „Topiary“, und schon sind wieder ein paar Löcher mehr im Garten.

Ganz kühne Träume von großen Gärten und wagemutigen Auftraggebern imaginieren selbst unterirdische Grotten. Nicht um des Effektes willen und nicht fürs Auge, sondern vielleicht, weil man sich daran erinnert, wie das in Newgrange, Irland, dem Hügelgrab unter der Erde, so war, ein wenig mulmig, aber doch von besonderer Art – und wer sagt denn, daß man das dortige Lichtspiel der aufgehenden Sonne, nur an zwei Tagen des Jahres sichtbar, mit einigem Tüfteln und einem bündelnden Spiegel, nicht auch im Garten haben kann.

Wassergeheimnisse

„Es gibt eine besondere Verbindung von Wasser und Geruch. Wenn nach einer langen Trockenzeit zum ersten Mal wieder Regen fällt und wir hinaus auf die Straße treten, dann wirkt die Luft nicht nur frischer und wie gereinigt. Sie ist voll von Gerüchen. Der auf dem Asphalt verdampfende Regen, die getränkte Erde, das Gras, das Laub, alles fängt nach diesem Wasserguß wieder an zu riechen. Und ein großer Teil der Klarheit und Frische, die wir nach einem solchen Guß empfinden, rührt daher, daß uns das Wasser die Dimension des Geruchs zurückgegeben hat." So John von Düffel, in seinem Debütroman mit dem Titel „Vom Wasser".

Regen ist Wasser. Das ist nur so lange eine Selbstverständlichkeit, bis jemand die richtige Frage stellt. Und von dem Zeitpunkt an ist es eines der erstaunlichsten Phänomene dieser Welt. Und wir Gärtner können sagen, wir sind dabeigewesen! Denn wir haben unser Schicksal auch an den großen Kreislauf des Wassers gebunden: Seine Nähe oder Ferne etwa, nach oben zu der vorüberziehenden Sphäre des Wetters, nach unten bis hinunter zum unterirdischen Fluß des Grundwassers, zu allen Seiten, zur Trockenheit der Sande, zur gartenfeindlichen Macht des Meeres, zur Tongrube und ihrem erstickenden Wasser, zum Waldhumusboden und seinem feuchtmilden Krümelgefüge – des Wassers im Garten ist kein Ende!

An Wasser kommt der Gärtner nicht vorbei. Er sammelt es, das köstliche, und gibt es geizig nur halbkannenweise wieder aus. Er zwingt es durch Leitungen zur Dienstbarkeit, verschleudert und verregnet es freigiebig im Überfluß. Er fürchtet es in verschiedener Gestalt, den steten Tropfen auf die falschen Pflanzen, die zellensprengende Kraft seiner Kristallisation, den schweren Eisregen, der sogar Bäume bricht, und die giftigen Säuren, die das Wasser so selbstlos transportiert. Denn auch das ist Wasser: Es löst die Substanzen und nimmt sie mit sich fort, zum Heil der Gartenpflanzen oder zu ihrem Verderb.

John von Düffel ist ein Liebhaber des Wassers, als Langstreckenschwimmer im besonderen, doch weit darüber hinaus. „Unmöglich zu sagen, wie oft ich an diese Flüsse gedacht, wie oft ich von ihnen geträumt habe, wie viele Nächte es mich hingezogen hat zu ihnen, wenn ich durch schlafende Städte zog, trockene, flußlose Städte, auf der Suche nach dem Wasser, auf der Suche nach der Bewegung des Wassers, und oft bis in die Morgenstunden an irgendeinem Teich saß oder einem veralgten Stadtgraben, dessen Wasser nicht floß, sondern nur die eine Richtung kannte, die des Sterbens, des Versickerns und Versiegens, Wasser, das sich in der Erde selbst begrub."

Hier spricht einer, der vom Wasser infiziert wurde (so, wie man auch vom Virus „Garten“ befallen sein kann). Folgt man seinen Worten und Erlebnissen, dann dämmert allmählich eine zwingende Einsicht: auch die Wasseranlagen der Gärtner sind von den tiefsten Wasserempfindungen des Menschen inspiriert. Jede Vogeltränke, jeder brackige, verwucherte Tümpel, jeder Kunstbach ist der Wunsch, das märchenhaft geheimnisvolle Wasser in den Garten einzuladen. Und dafür können nicht genug Lanzen gebrochen werden, selbst wenn es den Ökologen ob der Folie im Boden und der Pumpe am Stromnetz graust. Denn es gibt eine Ökologie der Seele, die Erkenntnis von dem komplizierten Gleichgewicht einander bekämpfender und ergänzender innerer Qualitäten, die man nicht leichtfertig geringer schätzen sollte als die natürlichen Biotope. Denn auch hier hat Wasser einen bedeutenden Platz: sein reinigendes Vorüberfließen, dem wir unsere Sorgen anvertrauen, der Glanz, den es über die unscheinbarsten Dinge legt, und die Abgründigkeit, die schon in der kleinsten Pfütze schlummert: „Dann packte uns ein kurzer Schrecken über das Unsichtbare selbst in dem klarsten Wasser, über die wimmelnden, schattenhaften Geheimnisse, die jedes Wasser unter seiner Oberfläche verbarg. Ein Begriff von Tiefe tat sich auf, bodenlos wie ein Fjord, der ganze Erdspalten füllt und nach ein, zwei Metern knietiefem Uferwasser siebenhundert oder neunhundert Meter in die Endlosigkeit reicht.“

Ungewöhnlich

Im letzten Sommer war im Garten etwas sehr Ungewöhnliches zu sehen: Aus einer voll entfalteten Rosenblüte wuchs, inmitten normal entwickelter Blütenblätter, ein feines Zweiglein, das wiederum, wie weiter unten am Rosenstock, Blätter entfaltete, insgesamt drei an der Zahl.

Es war etwas Ungewöhnliches, aber nichts Neues, schon Goethe hat, damals, in seiner „Metamorphose der Pflanze“, das Phänomen der „durchgewachsenen“ Rose oder Nelke beschrieben; so ungewöhnlich ist das gar nicht. Im Gegenteil, „der Unsinn hat Methode“, und Goethe folgert nicht zuletzt aus diesen Beobachtungen mit Nachdruck sein Gesetz, daß „die Pflanze in allen ihren Organen immer nur Blatt sei“.

Ja, Goethe! Was der alles gewußt hat. Und je mehr einer weiß, desto eher geht ihm wohl der Sinn für das Ungewöhnliche verloren – was im übrigen für Goethe nicht gilt, wohl aber für manch goethebelesenen Spätgeborenen. Für den botanischen Laien gibt es leicht und gerne an allem zuvor Unbeobachteten auch Ungewöhnliches zu entdecken. Die Schwimmblätter der *Victoria regia* sind ungewöhnlich groß, die blühende Wasserlinse dagegen ist ungewöhnlich klein, die Passionsblume ist ungewöhnlich formschön, die stammbürtigen Dornen der *Gleditsien* sind ungewöhnlich wehrhaft. So könnte man eine lange Liste an Pflanzen und Adjektiven zusammenstellen. Hier ist das Ungewöhnliche einfach das im Alltag Unbeachtete.

Die gleichen Anblicke allerdings mochten für die, denen der erste botanikbewußte Blick darauf vergönnt war, ungleich gesättigter gewesen sein. Die Pflanzenjäger aller Zeiten, wenn sie keine kalten Systematiker waren, sondern Menschen mit Herz und Gemüt, hatten das Ungewöhnliche, Nie-Gesehene im Visier: D. J. Hooker in Tibet etwa, mit alleine achtundzwanzig neuen Arten, Burbigdes Kannenpflanzenfunde in Sarawak, Armand Davids „Taschentuchbaum", der wiederentdeckte *Gingko* im Tien-Mu-Shan-Gebirge – ungewöhnliche Begegnungen, mythische Momente fast, für die Pflanzensammler aberwitzige Strapazen auf sich genommen haben. Aber, das Wort selbst legt die daran zwangsläufig anschließende Entwicklung nahe: Ehe man sich versieht wird aus dem solcherart Ungewöhnlichen, weil Neuen, die Zeitung von gestern. Das kennt man, davon hat man – auch das genügt oft, um den Reiz der ersten Begegnung zu schmälern – schon einmal gehört oder gelesen. So ungewöhnlich ist das gar nicht mehr! Dann gäbe es also keine Rettung für das Ungewöhnliche in unserer an Neuentdeckungen so armen Zeit?

Doch! Das wirklich Ungewöhnliche findet man nur in einem vollkommen ungewöhnlichen Bezirk! Welcher Bezirk das ist? Der Bereich des Gewöhnlichen!

Für den, der die Phänomene der Welt gewissermaßen mit der Checkliste in der Hand aufnimmt, das jeweils Neue bei der zweiten Begegnung, spätestens aber nach eingehender Klassifizierung bekannt und damit alltäglich finden muß, für den ist das noch Unbekannte und Neue bei fortdauernder Übung irgendwann das prinzipiell Ähnliche und Vorausbekannte. Womit wir bei der Routine wären.

Sind wir Gartenroutiniers? In vielem ist das gewiß wünschenswert; denn der

andauernde Fehler etwa oder die fortgesetzte Unkenntnis haben nichts Schmeichelhaftes an sich. Aber sonst? Gehören wir schon zu denen, die eine *Geranium* „Spessart" bestenfalls zur Kenntnis nehmen, geschweige denn sich zu ihr herunterbeugen oder an ihren Blättern reiben? Es steht zu fürchten!

Das Ungewöhnliche? Es liegt im „Das" der Pflanze, nicht in ihrem „Was". Das „Was" ist ein Etikett, der Einzelheit aufgeklebt, um sie einer abstrakten Vielheit einzugliedern: „gebuchtetes Blatt", „fünfzählige Blütenhülle". Aber ihr „Das"! Dieses einzigartige Blatt, diese Gestalt, dieses Rosa, dieser Duft. Jeder Versuch einer Beschreibung gerät unweigerlich zum Vergleichen. Vergleichen mit wiederum Einzigartigkeiten, die sich jeder deckungsgleichen Beschreibung in alle Ewigkeit entziehen werden. Das ist ungewöhnlich, denn mit dem Aufnehmen der besonderen, gegenwärtigen Wahrnehmung kommt man an kein Ende. Schon gar nicht, wenn man die „Konstellation" hinzunimmt, den Moment des einzelnen im Universalen, von der unwiederholbaren astronomischen Weltstunde bis zum jahreszeitlich geprägten Witterungsgeschehen.

Mit der steten „Wahrnehmung des Wahrnehmlichen" betreten wir ein der herrschenden Kulturgewohnheit gegenüber fernliegendes Gebiet. Es hat genausoviel Wurzeln in der Meditation wie im Genuß, denn es setzt die Enthaltsamkeit gegenüber dem Zerstreutsein voraus und das hingebungsvolle Aufnehmen des gegenwärtigen Moments. Seine Ergänzung findet dieser Zugang zur (Pflanzen-) Welt im Verlassen des nur „gegenwärtigen Moments"! Ungewöhnlich und im höchsten Maße erfüllend ist die Einbindung des einzelnen Stadiums einer pflanzlichen Erscheinung in die sie übergreifende Entwicklungsfolge: Der ruhende Same, sein allmähliches Quellen, die sich herausschiebende Keimwurzel, die

Keimblätter, die Folge immer wieder leicht andersgeformter Laubblätter... . Auch dies ist eine Meditation, eine Versenkung, für deren Durchführung es keinen geeigneteren Ort geben kann, als den Garten – direkt vor unserer Tür und dem täglich wiederholten intimen Besuch stets bereit.

Was tun Birkenblätter?

Ob er ins Grab gesunken ist, ohne zu wissen, was die Birkenblätter tun? Kurt Tucholsky nämlich; im Jahre 1929 litt er an den Qualen, das richtige Wort dafür nicht sagen zu können. „Der Wind weht durch die jungen Birken; ihre Blätter zittern so schnell, hin und her, daß sie ... was? Flirren? ... ." Tucholsky sucht, Tucholsky hat genau hingeschaut. „Nur die Blätter der Birken tun dies; bei anderen Bäumen bewegen sie sich im Winde, zittern, rascheln, die Äste schwanken, mir fehlt kein Synonym, ich habe sie alle." Und wir sehen ihn von seinem Schreibtisch aufstehen, um wieder und wieder nachzusehen, was die Blätter tun. „Sie tun es. Ich werde dahingehen und es nicht gesagt haben."

Tucholsky, der große Mann, der das Kleine so gut gesehen und liebevoll beschrieben hat, findet keine Ruhe. Später stellt er seine Frage erneut. Inzwischen traf Rat und Vorschlag ein. „Schauern" wurde da empfohlen und auch „Zischeln". Aber Tucholsky ist nicht leicht zufriedenzustellen. Mein Gott, was tun die Birkenblätter? ... „Ich werde dahingehen und es nicht gesagt haben."

Mögen Sie Birken? Wohl nur dann, wenn Sie keine im Garten oder ganz in dessen Nähe stehen haben. Ansonsten sind Sie wohl eher zurückhaltend; schön ist die Birke ja schon, aber ... . Sie wächst so schnell, der Rasen darunter wird trocken und gelb; und dann die Arbeit! Dreimal im Jahr fegen oder Dachrinnenreinigen, Blüte, Frucht und Laub. Und darunter klebt es im Sommer immer entsetzlich.

Wie oft wird sie, die das russische Volkslied so liebevoll verkleinert (berjósonka), von ihren Besitzern geköpft oder sonst verstümmelt. Was dann so traurig im Garten steht, ist viel weniger Birke als eine verstümmelte Linde noch Linde ist. Denn die Birke ist ein lichter, offener Baum. Auch im Sommer schimmern die hellen Äste aus dem Grün der Krone, die nur selten (bei *Betula utilis* etwa) un-

durchsichtig ist. Aber das gerade macht den Reiz der Birke aus; wer sie liebt, liebt ihre luftige Gestalt und die Art, wie die Blätter im Sonnenlicht … ja was eigentlich?

Also, lieber Gartenfreund, wenn du die Birke magst, gib ihr ausreichend Platz, laß sie wachsen und versuche herauszufinden, was ihre Blätter im Sonnenlicht machen!

Kookaburra

Die australischen Gartenbesitzer haben einen Vogel. Wenn sie Glück haben! „Laughing Jack“ oder in der Sprache der Ureinwohner „Kookaburra“. „Dieser Vogel ist ein notorischer Freund des Menschen; er bietet sich als Wächter des Gartens an, um ihn von Schlangen und Ungeziefer freizuhalten. Außerdem kann dieser Vogel so verblüffend menschlich lachen, daß man entweder erschrickt oder in sein Gelächter einstimmt.“ Das schrieb Siegfried Lenz in der Vorfreude auf den Kookaburra, bevor er seine Reise zum fünften Kontinent antrat. Aber dann war es wie verhext! In jeder Stadt fragte er nach. „Ah, sagte man, der Kookaburra. Der Vogel, der lachen kann, sagte ich. Und wie der lacht, sagte man und zog mich in den Garten. Wir lauschten: Es war kein Gelächter zu hören. Merkwürdig, sagte mein Gastgeber, gewöhnlich sitzen sie hier herum und lachen, aber seien Sie unbesorgt, sie werden ihr Gelächter schon zu hören bekommen.“ Bekam er aber nicht, nur einmal, aber da war sein verzweifelter Gastgeber frühmorgens in den Garten geschlichen und hatte den „Laughing Jack“ imitiert: „Das Vorgelächter, das nach selbstzufriedenem Meckern klang, und das Nachgelächter, das mit dem frohen Dröhnen eines Mannes verglichen werden kann, der einen Witz zu spät verstanden hat.“

Armer Siegfried Lenz. Aber auch armer nichtaustralischer Gärtner. Kein Kookaburra, kein Wühlmausfänger, kein Gelächter. Wenn wir einen Vogel haben, dann vielleicht ein Rotkehlchen. Gut, das ist eigentlich auch ganz nett, aber noch lange nicht so imposant wie der saatkrähenartige Vogel mit den braun und weiß betupften Flügeln und der hellgelben Brust. „Hat jemand ein Haus gebaut, ringsherum Bäume und Büsche gepflanzt, so wartet die Familie auf den Einzug ihres Kookaburra. Kommt der Vogel geflogen, ist die Freude groß. Denn meist bleibt er lebenslänglich in der Nähe, leistet freiwillig seine Arbeit und bringt die Leute zum Lachen." (H. O. Meissner).

Die Australier wissen, was sie an ihrem Vogel haben. Sie haben sogar eine Art „Lex Kookaburra" erlassen. Danach ist es streng verboten, ihn in einen Käfig zu sperren.

In andere Länder ausführen darf man ihn auch nicht. „Nur in der Heimat soll sich der Kookaburra amüsieren, im Ausland hätte er ja doch nichts zu lachen." (Meissner)

Schade eigentlich. Dabei müßte der Lachende Jakob in unseren Gärten das Lachen gewiß nicht neu erlernen. Denn je ernsthafter wir unsere Geschäfte betreiben, desto eher wirkt das unfreiwillig komisch – nein, Kookaburra, zu lachen hättest du bei uns bestimmt genug! Ob wir dich verkraften würden, ist die eigentliche Frage. Wenn wir etwa über unseren Pikierkasten gebeugt, so kräftig auf die Hucke gelacht bekämen, daß wir vor Schreck eine Ackerfurche durch die Sämlinge ziehen würden, wären wahrscheinlich wir die Pikierten! Und eben deswegen bräuchten wir den Kookaburra! Einen, der Wühlmäuse fängt und der uns auslachen soll, wenn wir einmal keinen Spaß mehr mit irgendeiner Sache verstehen. Denn Spaß soll der Garten schließlich machen, je ernster es uns damit ist!

Sensibler Kannibale

Erraten Sie den Namen einer der wildesten Kreaturen im Tierreich? Ihre Spuren sind im Garten überaus deutlich sichtbar, obwohl sich ihr Leben zugleich in völliger Verborgenheit abspielt. Ein „offenes Geheimnis": „Gerade hatte sich eine Wühlmaus über eine Möhre hergemacht, als erdbebenartig unter ihr der Boden aufbrach. Etwas biß sie ins Bein und hielt sie fest. Dann furchte ein großer, krallenbewehrter Grabfuß die Erde, schlitzte der Maus den Leib auf, tötete sie und zerrte sie nach unten." Wie bitte? Die angekündigte wilde Kreatur sollte der Maulwurf sein? Die Bilderbuchsympathiegestalt, „Grabowski", das niedliche Knopfäuglein mit dem glänzenden schwarzen Fell? Unser Zitat entnahmen wir einem der spannendsten Naturbücher überhaupt, Vitus B. Dröschers „Die Tierwelt unserer Heimat", vergriffen ebenso wie vieles andere, was einer naturinteressierteren Zeit als der unsrigen entstammt (heute sind wir zwar an der Umwelt interessiert, das wissens- und liebenswerte einzelne aber geht dabei nicht selten hinter dem bloßgelegten Ökologischen verloren).

Der Maulwurf, der große Gartenärgerer, unter Naturschutz gestellt und nicht nur dadurch, sondern auch seiner Sensibilität wegen unserem Zugriff entzogen. Wie viele Male mögen ihm Gärtner schon die Krätze auf den Balg gewünscht haben? Ihm, dem großen Unbekannten. Dem Verfressenen. Der täglich so viele Würmer, Larven, Schnecken und kleine Wirbeltiere verschlingt, daß ihr Gewicht seinem eigenen entspricht. So ist denn auch seine Verdauung! Der permanenten schwefeligen Gase wegen muß er sich sehr um die Belüftung seiner über 300 m Gesamtlänge messenden Röhren bemühen.

Der Maulwurf ist ein extremer Einzelgänger, jede Begegnung zweier Individuen mündet in einen Kampf auf Leben und Tod – mit allen Konsequenzen praktizierten Kannibalismus! Es wäre noch so viel über ihn zu erzählen. Kollegen, Gärtner, beschäftigt euch mit dem Maulwurf! Seinem Winterleben, seiner unterirdischen Architektur. Seiner Familienplanung. Staunt angesichts seiner Sensorik: den Tasthaaren am ganzen Körper, mit denen er „das Trippeln einer Maus in zehn Meter Entfernung" ortet. „Wenn der Maulwurf mit einer Geschwindigkeit von 4 km/h durch sein Röhrennetz flitzt, schiebt er ähnlich wie eine U-Bahn eine Luftdruckwelle vor sich her. Hindernisse im Tunnel, eine Einsturzstelle, eine Ringelnatter, ein feindlicher Maulwurf, eine Spinne, ein Regenwurm werfen diese Luftdruckwelle echoartig zurück. Und hieran erkennt der Maulwurf mit Hilfe seiner Tasthärchen ‚im Wind', was sich vor ihm tut, ob er ausbessern, ausreißen oder angreifen muß." Laßt ihn am Leben!

Kennt man

Wo laufen Raubtiere noch frei und geduldet durch unsere zivilisierte Welt? In den tropischen Großstädten? In England als Mülltonnen durchwühlende Stadtfüchse? Oder in Alaska, wo Eisbären in den Städten am nördlichen Rand der Kultur Angst und Schrecken verbreiten. Nein, was hier gemeint sein soll, ist naheliegender! Raubtiere laufen durch Ihren und meinen Garten: überall und zu beinahe jeder Tageszeit.

Katzen sind gemeint. Ordinäre Hauskatzen. Die einzigen Raubtiere, die, von Katzenhasser- oder Vogelfreundengärten einmal abgesehen, uneingeschränkte Bewegungsfreiheit auch dort genießen, wo kein Katzenbesitzer wohnt. Hunden würden wir Mitteleuropäer eine solche Freiheit niemals gestatten. Aber wir haben uns daran gewöhnt! Wir sehen nicht mehr, was wir sehen. Wir sehen nicht einmal mehr, was wir wissen! Wir wissen von der nahen Verwandtschaft zwischen den großen Raubkatzen und unserem kleinen Schmusekätzchen. Wir könnten uns im Zoo schnell Aufschluß über ihr ähnliches Verhalten verschaffen. Tun wir nicht. Gut. Aber wir verschaffen uns nicht einmal Aufschluß über das Verhalten der Katzen in unserem Garten. In der Regel jedenfalls. Katzen? Kennt man! Kennt man? Ich kannte bis dato kaum „Katze“. Als Kind hatte ich eine, aber meine Beobachtung war ihr gegenüber unbelehrt, nicht auf Gestalt- und Verhaltenswahrnehmungen hin orientiert. Als das gegenüber Tieren mit den Jahren anders wurde, war „Katze“, insofern sie Haustier ist, noch immer kein Thema für den Naturbeobachter.

Dabei sind Katzen für den, der ohne bestimmte Absichten und Zwecke zu verfolgen, einfach Freude an der Naturanschauung hat, ein unerschöpfliches Thema. So unerschöpflich übrigens, daß der international bedeutendste Katzenkenner, Paul Leyhausen, über vierzig Jahre seines Lebens ununterbrochen dem Verhalten der Katze gewidmet hat. „Nur der Rahmen seines Werkes steht. Und Leyhausen hätte gern ein zweites Leben, um das Spiel zu Ende zu bringen.“ (J.L. Hue)

Wir Gärtner dürfen derweil ruhig unser erstes Leben ein wenig dem Studium der Katze widmen. Irgendwann morgen werden wir eine sehen! Sie ist getigert und lugt unversehens unter dem Kirschlorbeer hervor. Wir halten mit unserer Arbeit inne und stützen uns interessiert auf den Harkenstiel, während sie, Pfote

um Pfote vorsichtig durch das nasse Gras setzend, ohne uns wichtig zu finden, ein paar Meter vor uns vorübergeht. Auf dem von der Morgensonne am stärksten erwärmten Platz hält sie inne, duckt sich kurz, als nebenan eine Autotür laut zugeschlagen wird, und entspannt sich dann wieder. Wir entspannen uns mit ihr, gehen zurück an unser Werk und sind für die kurze Unterbrechung dankbar!

Die erste Spur

Wer oder was immer unseren Garten betritt, hinterläßt Spuren, Zeichen seiner Anwesenheit, Lebens- und Wirkenseindrücke, die unseren Garten verändern. Als erstes und im umfangreichsten Sinne wir selbst, die Gärtner – mit jedem Gang, den wir durch den Garten tun. Dann kommt, es sei denn wir teilten uns die Gartenfreude mit anderen, lange Zeit gar nichts und dann alles weitere, Mensch und Tier, Wind und Wetter, Engel und Teufel. Unser Garten ist ein geradezu ungeheuerlicher Ort von Spurendurchkreuzungen, Spurenverschlingungen und -überlagerungen.

„Die erste Spur ist das Ende einer Kette. Am anderen Ende bewegt sich irgendein Wesen, ein Geheimnis, das alle paar Handbreit einen Hinweis auf sich selbst hinterläßt. Das Geheimnis entschleiert sich langsam, Spur für Spur, aber es verrät seine Herkunft bald, um dich in seinen Bann zu ziehen. Das Geheimnis streut sich auf den Weg wie eine Spur von Brotkrumen, und wenn du dich vorangegessen hast bis zum Erzeuger der Fährte, ist das Geheimnis in dir, für immer ein Teil von dir. Die Fährten aller Geheimnisse, die du je verschlungen hast, leben weiter in deinen eigenen Spuren, prägen sich ihnen auf und verwandeln sie um

Nuancen, an denen sich ablesen läßt, wie anders du geworden bist." So spricht Tom Brown, Schüler des Apachen Stalking Wolf und einer der letzten großen Fährtensucher Nordamerikas. Seine Lebensbeschreibung illustriert die alte Behauptung, daß jede Betätigung, wenn sie mit äußerster Leidenschaft verfolgt wird, zu einer Art Einweihung in die tieferen Geheimnisse der Welt führen kann. „Ich hatte keine andere Wahl. Eine Fährte ist etwas, dem ich folgen muß, bis sie ihr Geheimnis preisgibt oder mich auf eine noch aufregendere Fährte bringt."

Dem Gesagten entnehmen wir eine kleine Nutzanwendung: Auch Spuren (aller Art, aber insbesondere Tierspuren) sind unserer gärtnernden Aufmerksamkeit wert und halten täglich Entdeckerfreuden für uns bereit. Und eine große Nutzanwendung: Wir können uns gar nicht leidenschaftlich genug in unser Metier vertiefen, es sei denn, wir wollten nichts wissen von „den flammenden Wänden der Welt".

An den Spuren, die die jeweiligen Endpunkte eines „Wesens in Bewegung" markieren, können wir vor allem eines sehr nachhaltig erleben: Unser Garten ist, neben dem umhegten und gehegten Stück Land, zugleich Teil ihn umgebender größerer und sehr oft unsichtbarer Lebensräume. Die Spur des schnürenden Fuchs im Schnee beweist das ebensogut, wie die unversehens aufgegangene Saat einer von Ferne eingeflogenen Salweide. Weshalb der Garten für einen Spurensucher gar nicht groß genug sein kann: „Die Hintertür unseres Hauses öffnete sich zur Wildnis. Für mich war diese Wildnis einfach ‚der Garten'. Nur erstreckte sich dieser Garten über Hunderte von Quadratkilometern. Ich mußte die Grand Tetons durchstreifen und bis nach Kalifornien wandern, um den Zaun zu finden."

Nachtschatten

Was ist die Nacht? Wenn es dunkel geworden ist, beginnt sie. Wenn es dunkel geworden ist? In wolkenlosen Vollmondnächten findet man, auch ohne künstliche Beleuchtung, beinahe noch durch den finstersten Tannenforst. Also: Nacht ist, wenn kein Sonnenlicht mehr unsere Welt erhellt?

Was ist die Nacht? Die Zeit, in der die meisten Naturwesen in ihren Lebensfunktionen vermindert, vom Schlaf und seinen Vor-, Zwischen- und Entsprechungszuständen umfangen sind. Aber die Eulen, wenden wir ein, Nachtkerze, Nachtfalter und tausendundeine andere Kreatur, von der Nachtbelegschaft im Stahlwerk ganz zu schweigen. Ausnahmen der Regel? Gewiß ...

Was ist die Nacht? Das vollkommen andere! Der Tag ist im gewöhnlichen Erleben nicht das Gegenstück der Nacht, aber die Nacht sehr wohl das Gegenstück des Tages. Denn weil wir uns weitgehend über das taghelle Wachbewußtsein definieren, erleben wir zugleich die Nacht und unsere Bewußtseinszustände darin als ein fremdartiges Gegenüber. Der Tag, das sind wir selbst. Die Nacht ist ein Wesen anderer Art: rätselvoll, undurchdrungen und daher nicht selten auch furchteinflößend.

Auch der Garten wird von der Tagseite der Welt her bedacht. Wenn es an seine Gestaltung geht, stehen Raumverhältnisse, Formen und Farben im lichthellen Mittelpunkt unserer Aufmerksamkeit. Wer hätte je dabei an die Nachtseite des Gartens ernsthaft gedacht. Aber so fern liegt der Gedanke doch wirklich

nicht! So, wie es Liebhaber der behaglich im Hause verbrachten Nacht gibt oder unruhig umherziehende Nachtschwärmer, ließe sich doch ein regelmäßiges nächtliches Refugium für eine andere Art von Genießern denken: ein Garten, ein Gartenteil, der den dunkleren Gelüsten Rechnung trägt. Das fängt bei den nächtlichen Blütendüften von Geißblatt bis Mondviole an und hört bei den dunkelschweren Silhouetten von Eibe, Kugelbuchs oder der Kanzan-Kirsche noch nicht auf.

Doch selbst denen, die für solche dunklen Nachtspielereien nicht zu haben sind, sei das „Nachtschattenkabinett" empfohlen. Zutaten sind: unser Sitzplatz vor einer hellen, größerflächigen Mauer, die einmal nicht zugepflanzt wurde; ein mobiler, spotartiger Gartenstrahler und ein wenig experimentelle Phantasie. Dann kann der Strahler, richtig plaziert, heute den filigranen Zweig einer Südbuche an die Wand werfen, morgen bewegen sich die Blütenhalme einer duftigen *Calamagrostis* über die steinerne Projektionswand, und schließlich arrangieren wir gar mit Hilfe einer Batterie von Pflanztrögen ein ganzflächiges Jugendstilornament.

Wiederum nur Spielerei? Nun gut. Gehen wir trotzdem nachts in unseren Garten. Denn „die Nacht ist tief, und tiefer als der Tag gedacht", und die von Gartenmauern oder anderen Ausgrenzungen eingeschlossene Nacht ist der ideale erste Treffpunkt mit dem(oder auch den) Wesen der anderen Seite: Hier sind wir zugleich bei uns, denn der Garten ist uns durch eigenständige und eigenhändige Formung wohlvertraut, und wir sind doch auch bei ihr, denn noch über den domestiziertesten Garten haucht die Nacht ihren anarchischen Atem.

Wild und gefährlich

Jeder Gang durch unseren Garten, jedes Verweilen, jede noch so unbedeutende Arbeit, jeder Blick über die Dinge und Wesen hinweg, die wir so gut kennen, weil sie unser Garten, also wir selbst sind, und die wir so gut auch wieder nicht kennen, weil sie auch und vor allem s i e s e l b s t sind – jede harmlose kleine Verrichtung ist Abenteuer, Jagd, Gejagtwerden, ist ein Bungee-Sprung ins Nichts.

Unsinn? Annie Dillards Buch, „Der freie Fall der Spottdrossel" gibt Antwort.

Wer sich in dieses Natur-Buch begibt, kommt zwar nicht unbedingt darin um, aber doch beinahe. Es ist ein Blick in den Krater, ein Sprung über Abgründe, ein Verirren in Dickicht und Dunkel, dem sich der hingegebene Leser aussetzt, und dennoch wird er keinen Moment zögern und sich immer tiefer hineinstürzen.

Es gibt Bibliotheken von Besinnungs- und Sonntagspredikten-Gartenliteratur. Außerdem können Garten- (und Natur-)bücher kritisch sein, tarnfarbengrün angemalt, politisch und progressiv, mit erhobener Hand und Knüppeln, die sich eignen, um zwischen Beine geworfen zu werden – das geht und wird immer wieder gebraucht.

Und noch anders geht es, in ganz seltenen Fällen, wenn das Schicksal die richtige Person an den richtigen Platz stellt und so lange schüttelt, bis sie schreibend das letzte aus sich herausgeholt hat. Durch Krankheit zum Beispiel. Annie Dillard, nach überstandener, lebensbedrohender Erkrankung, war auf der Suche „nach dem Sinn“, als sie sich an den Tinker Creek begab und die Augen aufmachte. Was sie sah und ihren Tagebüchern anvertraute, war Natur pur, „Ozeane der Schönheit und des Grauens“, gnadenloser Kampf aller gegen alle, doch auch Momente gnadenvoller Einsicht in das wunderbare und schöne Gewebe der Welt und: Begegnungen mit dem gnädigen Weltenvermittler Humor!

Und was es nicht alles zu sehen gibt zwischen Himmel und Erde (oder im Garten!): Vögel, die einfach so tot vom Himmel fallen; Frösche, deren Blick, den der Beobachter gerade noch erhascht hatte, bricht und deren Haut in sich zusammensackt, weil der Schlund einer gigantischen Riesenwanze die enzymatisch aufgelösten Körperinnereien in sich aufgesogen hat; der durch nichts motivierte „freie Fall der Spottdrossel“, „pfeilgerade... und so achtlos und ungeplant, wie die Krümmung eines Halms ... . Im allerletzten Moment, bevor sie am Boden zerschellt wäre, breitete sie sicher und exakt ihre Flügel aus, ... spreizte den eleganten Schwanz und landete ach so leicht auf dem Gras“.

Und immer noch mehr zu sehen und zu wissen: vierundachtzig ausschlüpfende Zikaden auf einen Quadratfuß Erde, in einer Nacht aufsteigend nach siebzehn Jahren unterirdischen Wühlens und Fressens; „zweihundertachtundzwanzig(!) verschiedene, deutlich voneinander getrennte Muskeln im Kopf der Raupe des gemeinen Weidenbohrers“ oder die gewichthebende Kraft eines wachsenden Kürbis, angeschlossen an eine Waage, die der staunenden Menge dessen „Stemmkraft von 360 kg pro Quadratzentimeter“ vor Augen führt.

Wer auch nur ein Kapitel des „Pilgrim at Tinkers Creek" (wörtlich übersetzter Originaltitel), diesem „meteorologischen Tagebuch der Seele" zu lesen bereit ist, den nimmt es auf in einen Tanz, bei dem ihm Hören und Sehen vergeht.

Nein, Gärtner, die Idylle ist nur das eine, und du gehst auf dünnem Eis. Über dir, im Geäst der großen Bäume, neben dir, im Gesträuch, unter dir, im feuchten Humus, lauert das Unverständliche. Und daß das Unverständliche gefährlich ist, zeigt, wer in Ohnmacht fällt, weil er das erlösende Wort angesichts eines überwältigenden Sinnesereignis (plötzlicher großer Knall: aha, „Explosion") nicht findet. Bist du bereit zu sehen und nicht zu verstehen? Bereit für die namenlose Schönheit der Schöpfung? Bereit für einen ganz und gar unverständlichen Schöpfer? „Was die Vielfalt der Formen, die Fülle der Formen betrifft, bin ich ratlos. Abgesehen davon, daß anscheinend alles erlaubt ist. Das gilt für Verhaltensformen wie für Bauformen – die Gottesanbeterin, die das Männchen vertilgt, den Pinienprozessionsspinner, der seinen Faden spinnt… . Willkommen an Bord. Der diese bunte Mannschaft anheuert, ist ein großzügiger Geist."

Bereit sein. Ein großes Wort, gelassen ausgesprochen. Doch bereit sein, ohne sich zu bereiten, gibt es nicht. Frag Annie! Und was gehört nicht alles dazu! Ganz Handgreifliches, Körperliches: Baumstämme herumdrehen, Steine beiseite rollen, Klettern, Schwimmen, Laufen. Oder die tausendundeine Art aktiven Nicht-Tuns: Warten, Schweigen, den inneren Kommentar unterdrücken, Luft-Anhalten, Auf-der-Lauer-Liegen. Oder die Ausdauer: hingehen und nachsehen, hingehen und noch einmal nachsehen, hundert Tage lang; das ununterbrochene Ausschauhalten, den Boden absuchen, den Himmel, den Wassertropfen unterm Mikroskop. Oder der Gebrauch der Sinne: falkenscharf eingestellt das Auge oder unscharf, wie hinter milchigem Glas. Oder die kulturellen Leistungen: Niederschreiben, Sammeln, Experimentieren und, allen voran, das Lesen, ungezählte Bücher, die das gleiche von allen Seiten in Augenschein nehmen und uns das Sehen lehren. Bücher wie das von Annie. Frag sie, sie wird dir Antworten auf Fragen geben, die zu stellen du erst noch lernen mußt!

Gartengeschichten von gestern, heute und morgen

Was man noch über den Garten sagen kann? Was kann man eigentlich nicht von ihm erzählen? Die Welt ist voller Gartengeschichten: witzige und traurige, spannende und besinnliche Geschichten von gestern und von heute, von morgen wohl auch und ganz und gar zeitlose Geschichten noch dazu. Einige wenige von ihnen werden im folgenden erzählt.

Aus allen Ständen und Professionen sind die Protagonisten der Gartengeschichten besetzt. Politiker kommen darin ebenso vor wie Künstler, Lehrer wie Handlanger, Könige wie Huren.

Nicht alle Gartengeschichten gehen gut aus – wie es scheint, sind es aber dennoch ungewöhnlich viele –, die Dunkelziffer rein privater Garten-Glücksgeschichten noch nicht einmal mitgerechnet.

Die ältesten Geschichten der Welt spielten sich in Gärten ab. Und nicht wenige glauben, daß, wenn es denn gut ausgehen sollte, auch die letzte Geschichte der Welt eine Geschichte von Menschen im Garten sein wird.

Doch über Geschichten soll man nicht berichten. Man soll sie erzählen!

Der älteste Beruf

Es ist ein alter Streit unter den Ständen, welches wohl der älteste Beruf sei. Bauer und Viehhirt machen ihre Ansprüche darauf geltend und noch andere mehr …

Aber schließlich wissen wir ja, wie alles angefangen hat: „Gott der Herr sprach …“ Nachdem er vielerlei Lebewesen erschaffen hatte, gab Gott seinem jüngsten Geschöpf den Auftrag, die Miterschaffenen mit Namen zu versehen. Also wäre der Urberuf des Menschen Semantiker? Doch wer wollte aus diesem einmaligen und gewiß großartigen Akt der Benamung einen regelrechten Beruf ableiten? Nein, bei aufmerksamer Suche wird man anderswo fündig:

„Und Gott der Herr pflanzte einen Garten in Eden gegen Morgen, und setzte den Menschen hinein, den er gemacht hatte (übrigens aus einem „Erdenkloß“!). Und Gott der Herr ließ aufwachsen aus der Erde allerlei Bäume, lustig anzusehen und gut zu essen. ... Und er nahm den Menschen und setzte ihn in den Garten Eden, daß er ihn baute und bewahrte.“ Da haben wir es! Adam und Eva waren Gärtner. Schließlich war das Paradies ein Garten, und noch der pflegeleichteste Garten braucht den Gärtner. Das Paradies also auch nur ein Ort, an dem man arbeiten mußte? Aber was heißt mußte, man durfte darin arbeiten, denn was wäre das für ein Garten, in dem wir zur Untätigkeit verdammt wären? Und dennoch, wie muß man sich Adam und Evas Arbeit im Paradiesgarten vorstellen?

Ein Engländer natürlich, John Milton, hat in seinem Werk „Das verlorene Paradies“ eine aufschlußreiche Schilderung der gärtnernden Stammeltern gegeben. Und wie nicht anders zu erwarten, widmet er dem „Garten“ Eden („ein glücklicher Bezirk/ der ländlich schönen Mannigfaltigkeit“) einige Aufmerksamkeit: „Weites Rasengrün“ durchzieht eine sanftwellige Landschaft, „ohne Dorn (ist) die Rose“, überall wird das Auge von Wasser ergötzt, und das Klima ist ewig frühlingshaft.

Nachdem sie die Wege im Garten Eden freigeschnitten und Harztropfen darauf abgesammelt hatten (schließlich gingen sie barfuß!), „saßen Adam und Eva nieder und erlabten sich/ nach der geringen Mühe, die der Garten/ an froher Arbeit schuf“. Da haben wir es: „frohe Arbeit“, und an anderer Stelle: „unser süßes Tagewerk,/ dem üppigen Wuchs der Pflanzen hier zu wehren/ und dieser Blumen Zucht zu hegen“. Das ist es, was ihnen und auch uns den Garten so bekömmlich werden läßt. Die Arbeit ist „süß“ und dient (noch) nicht dazu, das tägliche Brot zu verdienen. Und doch – der Schöpfer war weiser, als die Träumer vom Schlaraffenland – ist auch nach dieser Arbeit gut ruhn.

An einer Stelle allerdings wird deutlich, daß Adam die Vorzüge des Gärtnerstands nicht lange genossen haben kann, behauptet er doch etwas voreilig vom Arbeiten im Paradiesgarten: „Wär es Last, würde es doch mit ihr (Eva) zur Lust gedeihen." Da kannte er weder Eva noch den gärtnerischen Eigensinn besonders gut. Denn welcher Gärtner – und welche Gärtnerin! – läßt sich gerne in die Arbeit hereinreden oder gar dabei helfen. Nein, Adam und Evas Gartenlust – und man bedenke, wir stehen noch vor dem Sündenfall – fand ihren anderen Auslaß an einem Ort: lorbeer-, veilchen- und rosenumrankt, „vom höchsten Pflanzer selbst erkoren".

Goldene Gärten

Wer sich auf literarischer Weltreise in anderer Herren Gärten tummelt, kann in Südamerika Herren-Gärten der erlesenen Art entdecken. „Endlich langten wir in Quito an; wir bezogen Tumipampa, die Residenz des Inka. In der Ferne zackten sich schneebedeckte Kegel. Weite Gärten umgaben den Palast." Das ist nicht etwa der Reisebericht eines Humboldt oder Haenke, sondern der populäre Versuch der französischen Autorin Colette Davenat, die letzten Tage des Inkareiches in dem Roman „Die Favoritin" nachzuzeichnen. Die Hauptfigur des Buchs erzählt dem Jesuitenpater Juan de Mendoza die Geschichte ihres Lebens. Aus einfachen Verhältnissen stammend, schön und klug, gewinnt sie das Herz der letzten beiden Inka (d i e Inkas gibt es übrigens laut Auskunft der Autorin nicht, sondern nur d e n Inka, also den zum Gott erhobenen König). Als favorisierte Nebenfrau genießt sie in besonderer Weise alle Herrlichkeiten und Reichtümer, die mit dieser Position verbunden sind. So auch die unvergleichlichen Gärten.

„Zur Verzückung der Inkas nutzten unsere Goldschmiede die natürlichen Schönheiten, die unseren Herzen teuer sind, als Schreine ihrer Kunst und vermählten die Gaben der Erde mit ihren prunkvollen Erfindungen. In den Gärten von Tumipampa sprossen goldene Sträucher, behangen in Fülle, dazu Bäume, Büsche, Sträucher, behangen mit Beeren oder anderen Früchten, auch alle aus Gold. Wenn die Sonne schien, war es ein einziger Glanz: Tausende sprühende Pfeile schwirrten durch die natürlichen Laubmassen! Von Gold war auch die Tierwelt, alles, was man zufällig am Wege trifft oder was auf Bäume klettert. Sogar ein Maisfeld gab es, und so echt von den Goldschmieden nachgeahmt, daß man sich zu allen vier Jahreszeiten in der gesegneten Erntezeit wähnen konnte."

Gold im Garten? Als dekoratives Beiwerk wie das bunte Glas unserer Tage oder Skulpturen aus Marmor und anderem Gestein! Durchaus keine abwegige Vorstellung für eine Kultur, in der das edelste aller Metalle nur für sich genommen von Wert ist, ohne die vereinbarte Funktion Maßstab der anderen Güter des Lebens zu sein. Gold ist ein schönes Material, korrodiert nicht an der Luft, wird von den Säuren des Regens nicht angegriffen. Gold glänzt, reflektiert das Licht der Sonne in sonnenhaft-leuchtender Art. Und Gold ist willig, nimmt fließend die Formen an, die der Mensch ihm gibt.

Gold im Garten? Eine Verbindung von hohem symbolischem Wert. Gold ist wohl das älteste der vom Menschen entdeckten Metalle, als Flußgold (Nuggets) aufgelesen und mit Harz auf Keramikgefäße geklebt. Gold ist selten. Gold ist die Sonne, Realsymbol des Gestirns der Gestirne, Abglanz der geistig-göttlichen Welt in unsere irdische Sphäre hinein. In diesem Sinne ist Gold im Garten die Vermählung zweier Welten. Der Garten, also das am weitesten veredelte Stück Erde, empfängt das edelste und göttlichste aller Elemente – das ist nicht nur eine nette Allegorie, sondern mit einiger Sicherheit Lebensgefühl aller Menschen, die das Reich des Inka bewohnten.

„Als die Spanier das Gold entdeckten, taten sie etwas, das uns erstarren ließ. Sie sahen in ihm nur einen bestimmten Handelswert, und sie hatten nichts Eiligeres zu tun, als alles zu Barren einzuschmelzen, alle diese Wunder, die so kunstreich erdacht worden waren und mit so viel Liebe aus dem kostbaren Metall getrieben. Jetzt zirkuliert es namenlos, seiner Schönheit beraubt, als Zahlungsmittel in schmutzigen Händen."

Daran ließe sich vieles anschließen. Eines nur: Jedes Material, jede Materie unseres Gartens kann zu Gold werden. So oder so. Als Mittel zum Zweck, unbeachtet und seiner Schönheit beraubt oder: jeder Aufmerksamkeit wert und um seiner selbst willen beachtet – die einzelne Pflanze, der einzelne Stein, ja, selbst die Maserung im verblichenen Pergolaholz.

Lust-Gärten

Man schreibt das Jahr 1348, Schauplatz ist Florenz zur Zeit der Pest. Die öffentliche Ordnung zerbricht, die private auch. Das Bewußtsein der Zeitgenossen schwankt zwischen Angst und Lebensgier. Während die einen fliehen, stürzen sich andere in den enthemmten Genuß der Gegenwart. Was soll man tun? „Dumme rennen, Kluge warten, Weise gehen in den Garten.“ Tagores Worte können auf vielfache Art beherzigt werden, wie ja der Garten manchem manches gibt. In Boccaccios „Decamerone“ jedenfalls gehen sieben junge Frauen und drei junge Männer aus den besten florentinischen Familien, der Pest trotzend, in den Garten. Nicht etwa mit Hacke und Spaten, so sehr Herrschaft ist man denn doch, nein, sie „lustwandeln“ in den Gärten und Parks ihrer Landsitze. Jeden Tag wird einer von ihnen zum König bestimmt, gibt ein Thema vor und fordert alle auf, eine Geschichte darüber zu erzählen. Zehn junge Leute, zehn Tage zu zehn Geschichten – das „Dekameron“ ist komplett.

So derb das Erzählte auch häufig ist, der Lebenswandel der jungen Herrschaften bleibt untadelig. Zu all ihren unschuldigen Vergnügungen bietet der Garten einen einzigartigen Rahmen. „Sie fanden den Garten gleich bei ihrem Eintritte von wunderbarer Schönheit. Ringsherum und nach allen Richtungen im Innern liefen pfeilgerade, breite Wege, überlaubt von Weinreben. Und diese Gänge waren an den Seiten überall mit Hecken von weißen und roten Rosen und Jasmin gleichsam geschlossen, so daß man sich unter dem lieblichen, würzigen Schatten nach Belieben ergehen konnte. Mitten in dem Garten war eine Wiese von zartem Grase, deren beinahe ins Schwarze übergehendes Grün von tausenderlei bunten Blumen unterbrochen war.“

Die jungen Menschen fühlen sich in einem „irdischen Paradies“. Und mit

Recht! Denn was sonst, wenn nicht der „heitere Genuß der Gegenwart", wäre ein irdisch vollkommenes Leben? Lebensgenuß unter dem Damoklesschwert? Gewiß, denn ob nun die Pest oder anderes uns bedroht – die Bedingungen unserer Existenz bleiben sich gleich. Die Mauer, die den Garten von der Welt trennt, wehrt nicht den Schicksalsschlägen oder Katastrophen. Soll sie auch nicht! Denn was wäre ein Genuß, der nicht der Anstrengung, ja sogar dem Leiden abgewonnen wurde. Wer aber lustvolle Betätigung und eine Muße ohne Nebenwirkungen sucht, der mag sich getrost hinterm Gartenzaun einschließen.

Schulmeisters Lieblingsgarten

Dem Gartengestalter ist nichts willkommener, als die Bitte seines Auftraggebers, diesen oder jenen Teil eines Gartens „doch noch einmal zu ändern, weil ich gerne noch ..." Nun ja, schließlich ist der Kunde König. So mochte auch der schwedische Gärtner Schröder gedacht haben, als der „Kunde" König Peter der Große,

Zar von Rußland und Herrscher aller Reußen, kurz vor dem Abschluß des Sommerhofgartens in Petersburg, noch eine kleine Änderung wünschte: „Ich möchte gern, daß die Leute, welche diesen Garten besuchen werden, zugleich einen lehrreichen Unterricht darinnen antreffen. Wie fangen wir das aber an?"

Da hören wir gleich zweimal den Schulmeister sprechen. Einmal mit der löblichen Absicht, seine Untertanen zu unterrichten und weiter mit der Frage an den Schüler: „Na, fällt dir etwas dazu ein?" Fiel ihm, dem guten Schröder, aber nichts sehr Kluges. Bücher wollte er auf die Ruhebänke legen lassen, „damit die Spaziergänger sich dabei niedersetzen und darin lesen können". Der Schulmeister „lachte über des Gärtners Vorschlag und versetzte: ‚Das war ziemlich nah geraten, aber Bücher in einem offenen Garten! Nein, dafür bin ich auf einen besseren Einfall gekommen. Ich denke die Äsopischen Fabeln mit wirklichen Figuren dazu anzuwenden. Macht mir also eine Einteilung, wie diese Fabeln alle oder wenigstens die meisten in diesen Quartieren, vorteilhaft verteilt, angebracht werden können.' "

Hat er dann auch gemacht, der Gärtner. Die Anlage bestand „aus vier Quartieren von Heckengängen wie in einem Irrgarten, an derem jeden Winkel ein mit einer Äsopischen Fabel verkleideter Jet d'eau in einem kleinen Bassin, mit Moos und Ruinen von versteinerten Muschelwerken ... angebracht ist. Alle die darin vorkommenden Tiere sind, meist in natürlicher Größe, von vergoldetem Blei hohl gegossen und speien Wasser, ihrer Attitüde gemäß. Und so sind über sechzig Äsopische Fabeln als kleine Springbrunnen in den Winkeln der Heckengänge, bei dem Eingange aber die bleierne vergoldete Statue des bucklichten Äsop in Lebensgröße angebracht".

Und der Schulmeister, von dem ein Zeitgenosse sagte „der Herrscher selbzehnt zieht den Berg hinauf, den Berg hinunter aber ziehen die Millionen", der Lehrer einer ganzen Nation also, ging noch einen Schritt weiter. „Er ließ zur Seite einer jeden Fabel einen Pfahl einschlagen, an welchem auf einem weißen Bleche die Fabel selbst" ... und nicht genug damit, „als auch derselben Deutung mit leserlicher russischer Schrift geschrieben steht". Zeige mir Deinen Garten, und ich sage Dir wer Du bist!

Nachsatz: Nicht daß man mich mißverstehe, ich würde Peters „Favoritplatz" nur allzu gern besuchen. Doch schon 1777 fiel die Anlage einem Jahrhundertsturm mit gleichzeitiger Überschwemmung zum Opfer.

Zwei Bibliothekare

Nein, Lesing war kein Gärtner. Goethe war einer, Schiller auch, ... es wäre gewiß reizvoll, auch den dritten großen Klassiker als einen „Standeskollegen" denken zu können. Aber ein so unsteter Mensch wie Lessing hätte einen stiefväterlichen Gartenpatron abgegeben. Seine Welt war in einem sehr ausschließlichen Sinne das Reich des Gedankens, des Intellekts und vor allem des Buchs. Aber hatte nicht letzthin der Buchhändler freundlich ein Lesezeichen zum Einkauf dazugelegt: „Ein Buch ist ein Garten, den man in der Tasche tragen kann", wurde darauf eine arabische Spruchweisheit zitiert. So gesehen ließe sich Lessing, der langjährige Bibliothekar der Herzog-August-Bibliothek in Wolfenbüttel, dann doch stiefbrüderlich in die Gärtnerfamilie einreihen ... .

Welches ist der rechte Garten? Auch die Gartenkultur kennt feindliche Lager. Was dem einen die strenge Form, ist dem anderen das liebenswerte Durcheinander. Dieser sammelt Iris in Sorten, jener sammelt Kulinarisches ins Töpfchen. In manchen Gärten regieren Hängematte und Eckbank, gleich nebenan Spaten und Kompostsilo. Welches ist der rechte Garten? In dieser Frage geht es nicht immer friedlich zu. Wenn solche Auseinandersetzung nur mit Naserümpfen abginge, wäre es ja halb so schlimm. Zwar enden nicht alle Streitigkeiten gleich vor dem Kadi, aber vor das imaginäre Gericht des rechten Weges wird wohl so mancher Nachbar gezerrt. Fragen wir doch Lessing, den großen Streiter: „Herr Lessing, rede er. Welches ist der rechte Garten?“ Und Lessing, respektive sein Geschöpf „Nathan der Weise“, ist um die Antwort nicht verlegen: „Wohlan! Es eifre jeder seiner unbestochnen/ Von Vorurteilen freien Liebe nach!/ Es strebe von euch jeder um die Wette … . Der rechte Weg (eigentlich „der rechte Ring“) ist nicht erweislich.“

Daß man ihn nicht mißverstehe, Lessing predigt alles andere als Gleichgültigkeit. Gerade die unbedingte Leidenschaft, der Einsatz und Kampf für ein Ideal, hat allerorten reichste Früchte getragen. Ja, selbst der Kampf gegen etwas, (und wer, wenn nicht Lessing hätte das bewiesen) kann solche Frucht zeitigen. Nur der Krieg, das Auslöschen des Anderen um eines vermeintlich höheren Gutes willen, ist das Ende der Streitkultur. Aber dazu hat ein anderer Wolfenbütteler Bibliothekar, Erhart Kästner, dem Gärtner Letztgültiges ins Stammbuch geschrieben:

Im „Zeltbuch von Tumilad“ beschreibt er seine Zeit als Kriegsgefangener in der afrikanischen Wüste. „Einige, aus Langeweile oder Passion, hatten sich auf das Hervorzaubern von kleinen Gärten verlegt. Nämlich das ging.“ Wasser und verrottende Teeblätter waren die Zauberstäbe dieser Gärtner. „Zu aller Verblüffung entstanden die ungeahntesten Gärten. Man konnte Klematis, Levkojen und gelbe Kuhblumen sehen, azurblaue Trichterwinden, Löwenmaul, Zinnien, Gladiolen … . Wasserholen war für diesen Zweck nicht erlaubt. So standen sie in der Nacht heimlich auf, um ihrem gärtnerischen Drang zu frönen. Denn es waren rührende Menschen; wenn die Menschheit nur aus Gärtnern bestünde, gäbe es nie einen Krieg.“ Da hast du's!

Primeln für den Großwesir

Das Szenario ist beinahe märchenhaft: Es gibt ein Königreich, eine mädchenhafte Königin, einen bösen und einen guten Reichsverweser. Gute und Böse kämpfen um die Herrschaft, der Kampf wogt hin und her …

Aber kein Märchen ist gemeint, sondern Geschichte, Geschichte im 19.Jahrhundert. Das Reich ist Großbritannien, die in ihrem Gemüt mädchenhafte Königin heißt Viktoria, der Bösewicht W. E. Gladstone, der Gute Benjamin Disraeli, späterer Earl of Beaconsfield.

Gut und böse sind die Parteiführer und Premierminister gewiß nicht vor dem Urteil des Historikers. Leben und Leistung beider sind vielgestaltig und widerspruchsvoll. Nein, es ist die Königin, die urteilt. Gladstone ist der prinzipientreue, kantige, korrekte und ungalante Mann, der nicht beweglich genug ist, um auf die launige Person einzugehen, die so jung auf den Thron gekommen ist. Disraeli dagegen hat ihr Frauenherz gewonnen.

Welche Wandlung hatte dieser Politiker hinter sich: vom exzentrisch gekleideten Dandy bis zum formvollendeten englischen Staatsmann und Gentleman. Vom redegewaltigen Unterhausmitglied zum sphinxhaften Schweiger im „House of Lords".

Die anfängliche Skepsis der Königin war in eine beinahe romantische Begeisterung für ihren Premier umgeschlagen. Disraeli war Romanschriftsteller und Politiker, nüchterner Realist und ein kühner Träumer. Er hatte aus der Königin von England die „Kaiserin von Indien" gemacht. Fremdartig, wie der konvertierte Sephardim portugiesischer Herkunft wirkte, wurde Disraeli der „Großwesir Ihrer Majestät" genannt. Während Gladstone eigenhändig die gewaltigen Bäume seines Parks fällte, umgab sich Disraeli in seinem Landhaus Hughenden Manor mit Blumen und Tieren. Gladstone mußte sich mit der kühlen Distanz Viktorias begnügen, Disraeli erhielt immer öfter Frühlingsblumen in anmutiger Verpackung gesandt. Schneeglöckchen aus dem schottischen Landschloß Balmoral, Veilchen aus Osborn und Windsor Castle und immer wieder Primeln.

Der alternde Witwer Disraeli trug Schneeglöckchen am Staatsfrack, die ihm die alternde Witwe Viktoria geschenkt hatte. Noch den Sarg des verstorbenen Premiers hatte die Königin mit einem Primelkranz, „seinen Lieblingsblumen", schmücken lassen. Das prägte sich den Verehrern Disraelis ein. Es wurde Mode, am 19.April, seinem Todestag, beim Blumenhändler Primelsträußchen für das Knopfloch zu kaufen. Sein Denkmal war stets von unzähligen Primeln geschmückt, und eine neugegründete konservative Vereinigung nannte sich freundlich „Liga der Primel".

Gedanken-Gänge

„Alles in allem gibt es nur zwei Arten von Menschen auf der Welt – solche, die zu Hause bleiben, und solche, die es nicht tun“, hat Rudyard Kipling gesagt. Wenn sie zu Hause bleiben, haben sie bestimmt einen Garten. Haben sie aber einen Garten und gehen dann doch auf Reisen, mag es ihnen wie einstmals Goethe in Venedig gehen: „Bringet mich wieder nach Hause! / Was hat ein Gärtner zu reisen? / Ehre bringt ihm und Glück, / wenn er sein Gärtchen besorgt.“ Und doch – wandern müssen wir alle von Zeit zu Zeit, und wenn es nur die tausend Schritte nach dem Essen sind.

Fünf Jahre war ein Engländer auf dem Schiff ihrer Majestät „Beagle“ auf Reisen um die halbe Welt, bevor er sich niederließ, heiratete, Kinder zeugte, einen Garten anlegte. Charles Darwins Haus stand in Kent; „Down House“ genannt, dazu fünfzehn Morgen Land auf kalkigem Grund, Heuwiesen, Birn-, Kirsch- und Nußbäume, Eiben, Edelkastanien, Lärchen, Fichten, Silbertannen und ein majestätischer Maulbeerbaum.

Als Darwin alles ordentlich bestellt hatte, fehlte ihm noch eines zum Glück: „Ich habe das Gefühl, ich brauche einen Spazierweg, der ausschließlich von mir benutzt wird. Nenn ihn den ‚Denkerweg‘, wo ich Mut schöpfe, Fragen zu stellen und nach Antworten zu forschen. ... Etwa zweieinhalb Meter breit und alles in allem ungefähr fünfhundert Meter lang.“ Kierkegaard hat ähnliches empfunden, als er schrieb: „Verlieren Sie vor allem nicht die Lust dazu, zu gehen: ich laufe mir jeden Tag das tägliche Wohlbefinden an und entlaufe so jeder Krankheit; ich habe mir meine besten Gedanken angelaufen, und ich kenne keinen, der so schwer wäre, daß man ihn nicht beim Gehen loswürde ... beim Stillsitzen aber und je mehr man stillsitzt, kommt einem das Übelbefinden nur um so näher ... . Bleibt man so am gehen, so geht es schon.“

Darwin also holte sich seinen Spazierweg exklusiv in den Garten. Der „Denkerweg“ wäre den Namen nicht wert gewesen, hätte sich der Gehende auf ihm nicht denkend an seinen Gegenstand verloren. Aber Darwin wollte sicher sein, gedankenversunken nicht mehr als die täglich veränderte, vorher genau festgelegte Rundenzahl zu gehen. Dazu hatte er ein unfehlbares System erdacht. Vor dem Spaziergang ausgelegte Flintsteine, je einen für eine Runde, stieß er im Vorübergehen mit dem Fuß fort. War der letzte Stein weggetreten, kehrte Darwin ins Haus zurück, wo das Mittagessen auf ihn wartete. Nur ernsthafte Krankheit konnte den Naturforscher davon abhalten, seinen täglichen Weg zu gehen.

Und woher wußte er, wieviel Runden jeweils zu absolvieren waren? „Es ist eine mathematische Gleichung. Wie lange muß ich gehen, um die durch intensive Denkarbeit im Körper verursachten Gifte loszuwerden? Wie gut ist das Wetter? Wie gut roch Sallys gebratene Lammkeule, als ich aus der Gartentür trat?“ Wohl dem, der in seinem Garten solche Wege haben kann!

Der Harmas

Haben Sie einen Traumgarten? Wissen Sie einen Ort, einen wirklich gesehenen oder auch nur vorgestellten Ort, an dem Ihr Garten entstehen sollte? Jener einzigartige Ort, an dem all das möglich wäre, wovon die am eigenen bescheidenen Gärtchen entzündete Phantasie nur immer zu träumen vermag. Dieser Garten läge etwa am Vierwaldstätter See, ein kleines Chalet davor, ein langer im Morgennebel verschwimmender Bootssteg am Ufer, dazwischen alte Kastanien, Eibenbüsche und viel Platz für die Sammlung aller Funkien, derer Sie dann habhaft werden könnten. Oder es wäre ein Münsterländer Kotten mit altem Buchsbestand und einem geradezu phänomenal geeigneten Platz für Ihren Bauerngarten? Ein Kalkhang im Schwäbischen? Ein englischer Herrensitz? – Nun, der Träume sind viele, und herrlich ist es, sie zu träumen.

„Das ist es, was ich mir wünschte: eine kleine ländliche Besitzung, oh, nicht groß, aber abgeschlossen und den Unzuträglichkeiten der Landstraße entzogen, ein verlassenes Stück unfruchtbares Land, ausgedörrt von der Sonne, günstig für die Disteln und Hautflügler.“ Das ist, mit der Bescheidenheit formuliert, die ihn zeitlebens auszeichnete, der Gartentraum eines der großen Meister der französischen Sprache. Davon hatte er seit dem vorzeitigen Verlassen der Schule über vierzig Jahre lang geträumt. Und mehr noch, er hatte – allen großen Widerständen zum Trotz – auf die Verwirklichung dieses Traums hingearbeitet. Und tatsächlich fand er sein Stück Land, und was wichtiger war, er konnte es und seine Arbeit darin auch bezahlen.

„Es ist dies ein Harmas. So bezeichnet man hierzulande ein unbebautes, steiniges Stück Boden, den der Thymian überwuchert. Die magere Erde lohnt die Arbeit des Pfluges nicht.“ Nein, Jean Henri Fabre hatte nicht etwa den Verstand verloren, als er sich in der Ödnis des provencalischen Nests Sérignan niedergelassen hatte, um seiner Passion endlich uneingeschränkt frönen zu können. Fabre war Insektenforscher und damals (1880) der Fachwelt bereits wohlbekannt; der erste Band seiner „Souvenirs entomologiques“ war soeben erschienen.

Fabres „Harmas“ wurde zum bedeutendsten Beobachtungsfeld, das die Insektenkunde je gekannt hat. Die „Souvenirs entomologiques“, auf zehn Bände anwachsend, gaben zudem Zeugnis von Fabres ungewöhnlicher Sprachbegabung. Seine Arbeiten über die Jagdwespe, den Skarabäus oder die Gottesanbeterin waren so fesselnd, präzise und vor allem schön, daß sein Werk bald nicht nur in den Regalen der Biologen und Fachbibliotheken, sondern der Gebildeten in Frankreich überhaupt stand.

Fabres Arbeiten entstanden in einem Raum besonderer schützender Sorgfalt, einem Stück Natur, dessen ungehinderte Entfaltung paradoxerweise gerade jene Mauer ermöglicht, die es zugleich aus der übrigen Natur herausnimmt. Fabres Garten, in dem die Fruchtbarkeit des Bodens unerwünscht war, wäre dem Vorübergehenden womöglich keinen zweiten Blick wert gewesen. Und doch: „Ich nannte es Eden, und im Hinblick auf das Ziel, das ich verfolge, ist der Ausdruck gerechtfertigt.“

Gepflücktes Glück

Wie fängt das Glück an? Wie Glück heutzutage anfängt, soll dahingestellt bleiben, die Antworten darauf sind so mannigfaltig wie zweifelhaft. Wie es vor nicht allzu ferner Zeit anfangen konnte, ist aber gewiß: „Als er die Farm gekauft hatte, war auch ein Obstgarten dabei, der aus fünfzig Apfelbäumen bestand: Baldwins, Northern Spies, Russets und alte, in Vergessenheit geratene Sorten: Blue Pearmains, Winter Bananas und ein Porter-Apfelbaum in der Nähe der Küchentür, von dessen Äpfeln meine Großmutter jedes Jahr ein gehaltvolles dunkelgoldenes Gelee machte.“ Es ist reales Glück, daß hier in Sprache gegossen ist, weshalb „Der Apfelgarten“ der Amerikanerin Adele Crockett Robertson vollkommen zu Recht „Erinnerungen einer Glücklichen“ untertitelt ist.

Es ist das Glück der Mühsal, das durch die apfelduftenden Buchseiten weht, körperliche Anstrengung vor allem, doch auch und nicht zu unterschätzen – finanzielle Sorge und ununterbrochener Kampf auf dem schmalen Grat der Existenz. Doch Mühsal solcher Art belohnt sich selbst – späteres Scheitern nicht ausgeschlossen. „Die Apfelernte war in meiner Kindheit immer das große Ereignis: die fröhliche, ausgelassene Stimmung, die Haufen rotbackiger Äpfel im rauhreifüberzogenen Gras, der Geruch von Holzfeuern in der Luft. ... Es mußten die Äpfel gepflückt, in verschiedene Fässer sortiert und im Keller eingelagert werden. Da waren die Rhode Island Greenlings, Kuchenäpfel mit aromatischem, körnigem, saftigem Fruchtfleisch – gut bis nach Thanksgiving. Da waren die Baldwins, rot und fest, und die leuchtendrot gestreiften Northern Spies, die bis zum Januar hielten. Zuletzt dann die Russets, runzlig, aber bis in den April noch schmackhaft.“

Es ist ein sinnliches Glück, das sich hier ausbreitet und wie ein feines Aroma über den Zeilen schwebt. Und es ist eine große Lektion in Sachen „Glücklichsein und es wissen!“ Woher diese Lebensfreude? Während die meisten Leute nicht die geernteten Äpfel, rotbackig und sonnenwarm, als den Lohn der Arbeit betrachten, sondern den am Horizont sichtbar werdenden Scheck, geht es hier noch Schritt für Schritt zu: Schneiden, Mähen, Pflegen – jeder Arbeitsgang kommt buchstäblich aus einer Hand. Und eben diese Hand, schwielig und schartig, greift eigenhändig zu und hält das schöne Ergebnis ihrer monatelangen Anstrengungen umfangen. Es ist, noch weitgehend unmechanisiert, das Glück der „Urberufe“, das hier in eines seiner symbolträchtigsten Bilder geprägt ist. So greift der Landwirt mit beiden Händen in den Weizen, so beschnuppert der Winzer den neuen Jahrgang. Das ist Ernteglück, und während der Erntedankfeste der Vergangenheit haben sie dies naiv-rauschhaft zu feiern gewußt.

Es ist das Glück der Anstrengung, dem man im „Apfelgarten“ begegnet, und es ist auch das fragile Glück des ungewissen Ausgangs, für alle Zeiten in das Bild des gepflanzten Apfelbäumchens geprägt: „Während mein Vater und ich die glattrindigen Ruten in die Lochreihen setzte, fragte er sich, wer wohl in hundert Jahren die Früchte dieser Bäume ernten würde. ... ‚Die werden mich versorgen, wenn ich mich zur Ruhe setze.‘ “ Vielleicht! Doch wieviel Hoffnung, Mut und Geduld muß der Mensch aufbringen, der sich den Gesetzen und Gewalten der Natur überantwortet. Ein einziger Hagelschlag, zehn Minuten eines ganzen langen Gartenjahres, vernichtet, woran der Gärtner sein Glück geknüpft hatte. Doch hatte er wirklich? Kann ein Glück zerstört werden, das sich immer auf das Werden und nicht das Gewordene stützt? „Wir pflückten die Äpfel nicht mehr. Wir holten uns einige, um sie uns anzusehen, die zarte rote Haut war an ein dutzend Stellen zerfetzt, und das weiße Fleisch begann schon braun zu werden. Mein Vater, der mit blassem und abgespanntem Gesicht von der Arbeit nach Hause gekommen war, sagte eine Weile lang nichts und fing dann an, von der Ernte des nächsten Jahres zu sprechen.“

Sidi Bou Said

„Auf dem ersten Blick scheint es keine Gärten in dem Dorf zu geben. Der Besucher wandelt zwischen weißen Wänden und blauen Türen und Fenstern. Die fast unsichtbaren, abgeschlossenen Gärten sind eine Welt für sich, zurückgezogen und privat. Wären sie der Außenwelt zugekehrt, so wäre das Dorf nicht, was es ist. Es würde uns nicht mehr den Anblick seiner harmonischen Strenge, seiner aus Flächen und Volumen bestehenden Architektur bieten, die durch unerwartete Straßenwinkel und Perspektiven belebt wird.“

Wir sind in dem tunesischen Dorf Sidi Bou Said. Max Pol Fouchet hat es unternommen, uns dessen Einzigartigkeit zu zeigen. Allerdings, wir sind Gärtner, und die Tatsache, daß Sidi Bou Saids Gärten unseren Blicken entzogen sind, macht uns traurig. Und ungeduldig. „Doch plötzlich fallen die Blüten einer Bougainvillea über eine Mauer – wie ein Umhang über eine Frauenschulter. Sie blühen in vielen Farben. Im hellen Tageslicht strahlen sie meistens in einem lebhaften Violett. Ohne sie wäre Sidi Bou Said ebenso wenig denkbar wie ohne die Agaven, deren Blüten sich wie Fahnenstangen in Erwartung ihrer Fahnen zum Himmel recken. In den abgeschlossenen Gärten bilden Rosen, Lorbeerrosen und roter Hibiskus mit Eiben und Zypressen einen Hintergrund, der wie geschaffen für ein Märchen scheint. Die vom Datura hängende Glocke weckt Erinnerungen an die Müdigkeit, die Scheherazade beim Anbruch der Dämmerung überkam."

Fouchet erzählt uns von den abgeschlossenen Gärten Sidi Bou Saids, und wir hören ihm gerne zu. Unsere Ungeduld hat sich ein wenig beruhigt. Irgend etwas an diesem Ort hat die zudringende Neugier der Reisenden herabgemildert. Oder ist es die Erzählkunst Fouchets, die unsere Phantasie schauen läßt, was unseren Augen bisher verwehrt wurde? „Es gibt eine Blume in Sidi Bou Said, die in meinen Augen und für meine Sinne alle anderen übertrifft. Eine kleine Blume, doch groß genug, um jedes Dunkel zu erhellen, so wie die Sterne, an deren Form sie erinnert, die Nacht erhellen. Wenn der Ausdruck ‚Parfum der Bescheidenheit' Bedeutung gewinnt, dann hier, denn so bescheiden, einfach, ja nackt sie ist, so duftet sie doch nicht weniger als Ambra. Sie haben schon erraten, daß wir den Jasmin preisen."

Ja, wir haben es erraten, aber leider nicht erschnuppert. Denn wir sind Augenmenschen und nicht geschult am Duft der Basare, Serails und Gärten des Orients. Fouchet weiß das natürlich. Gerade deshalb schildert er uns grobknöchernen Mitteleuropäern, was sie hier in Sidi Bou Said mit dem Jasmin machen. Früh morgens, zwischen 5 und 8 Uhr stehen sie auf und pflücken seine Blüten. Geschickte Hände verarbeiten die feinen Blütchen zu Girlanden oder kleinen Sträußchen. Die Frauen schmücken sich mit den Blumenketten, die Männer – ja, die auch – mit den Sträußchen. Feine Sitten sind das! Nein wirklich, da mischt sich ein Element des Wohlseins in den Alltag, das um etwas anderes, als um die gesunde Verfeinerung unserer Sinne nicht zu erlangen ist. Wer da mithalten kann, wird in steigendem Maße belohnt: „Erst gegen Ende des Tages, wenn die in der Morgendämmerung gepflückten Blüten verblassen und ein wenig welk werden, ist ihr Parfum am stärksten."

So ist das in Sidi Bou Said. Weshalb sind wir doch gleich hierhergekommen? Ach ja – gehen wir jetzt in den Garten Monsieur Fouchet? Ob wir das unbedingt wollen? Nun, unbedingt nicht, wir lassen uns gerne eines anderen belehren. Monsieur Fouchet möchte uns erst noch die berühmten Cafés von Sidi Bou Said zeigen. Das „kaouat es-souk“ oder das „kaouat en-Nadhour“. „Doch welches Café man auch aufsucht, das Wichtigste ist die Kunst, sich richtig darin aufzuführen. Wir sagen: Kunst, und das beinhaltet Zeit. Überlaß den Ort den Langsamen, den Liebhabern der Zeit. Stürze dein Getränk nicht wie ein Banause herunter. Alles ist darauf angelegt, das zu verhindern. Der Kaffee ist kochend heiß, rührst du ihn um, so wirbelst du nur den Satz auf. Handelt es sich um ein Glas Tee, so ist es so heiß, daß du es nicht halten kannst. Die Pinienkerne, die auf der Oberfläche schwimmen (o Wunder!) bilden sogar ein kleines Hindernis für jegliche Hast. Hier geht es ums Schlucken, nicht um das Randvolle oder Runtergießen. Trinke nicht gierig, sondern koste. Ja, schlückchenweise, und Kern für Kern. Kurzum genieße. Genieße, was du trinkst.“

Wir schauen uns etwas verlegen um und versuchen es den faltigen Männern mit den weißen Bärten gleichzutun. Genieße? Oh gewiß, das wollen wir ja. Aber Pinienkerne im Tee und Satz in der Kaffeetasse? Doch, doch, es schmeckt gut hier. Aber Fouchet meint noch etwas anderes: „Genieße die Zeit. Erlerne die Langsamkeit, diesen Luxus, in den Cafés von Sidi Bou Said. Sie sind gute Lehrmeister im Savoir-vivre.“ Die Langsamkeit! Wieder einmal! Und wieder einmal ist offensichtlich, wie wahr das ist! „Langsam“ kennen wir auch, aber mehr unter dem Aspekt: „zu langsam“, noch immer nicht fertig!

Wir waren doch einmal angetreten, unseren Garten zu genießen und ertappen uns täglich aufs neue dabei, vor allem die erreichten Etappen oder, noch schlimmer, die Vorstellungen, die wir uns von diesen machen, zu „genießen“. Aber das ist nicht der wahre Genuß. „Genieße die Zeit“, das ist die Lehre von Sidi Bou Said, jede Zeit, jederzeit und bei (fast) jeder Tätigkeit. Nachdenklich verweilen wir noch in unserem tunesischen Café. Wir werden uns die verschlossenen Gärten Sidi Bou Saids zeigen lassen. Wir werden die Rosen dort finden, die Datura und die Agaven. Und noch etwas anderes werden wir dort wiederfinden, etwas, das wir für immer mit dem Namen Sidi Bou Said verbinden werden!

Nicht egal

Es ist nicht egal, wo etwas geschieht! Was im Damenkränzchen Anstoß erregt, fällt auf dem Schützenfest einfach unter den Tisch. Ein und der gleiche Gesprächslärm führt in den Lesesälen der Vatikanischen Bibliothek zum glatten Hinauswurf, während er in der Trattoria einige hundert Meter weiter einfach überhört wird.

Es ist nicht egal, wo etwas geschieht! Natürlich ist auch nicht egal, was geschieht. Doch – was wissen wir denn schon! Wenn der Nachbar durch das Gitternetz unserer moralischen Maßkoordinaten fällt, dann sagt das oft weitaus weniger über unseren Nachbarn, als vielmehr über uns selbst aus. Wissen wir denn, was unter den Dächern unserer Stadt geschieht und vor allem warum? Oder gar unter einem anderen Himmel! Essen Sie doch einmal Ihre Lieblingsspeisen auswärts und mit bloßen Fingern – in Darmstadt eine Katastrophe; in Damaskus kein Problem!

Nein, es ist wirklich nicht egal, wo etwas geschieht! „Mit Freunden suchte ich in einer warmen Nacht ein teures Bordell in der Nähe des Meeres auf. Nicht ohne eine gewisse Angst betrat ich – es war das erstemal, daß ich etwas dergleichen tat – dieses mediterrane Haus der Venus, einen regelrechten Garten, in dem die braunen andalusischen Mädchen beinahe ohne jegliche Hülle zwischen Geranientöpfen und leuchtenden Nelken, im betäubenden Duft von Basilienkraut, Magnolien und Jasmin umhergingen. Weinranken zogen ein grünes Dach über die Mauern hin. In der Mitte dieses Hofes oder Gartens stand eine mit goldgelben und karminroten Rosen überwachsene Laube. In ihr saß ein Gitarrespieler und spielte leise für einige Seeleute, die an den sonnengebräunten Hälsen ihrer Erwählten hingen. Nach und nach gesellten wir uns mit den unseren zu ihnen, und zuletzt feierten wir ein fröhliches Liebesfest, bei dem sich der Gesang, das Gitarrespiel, das Gelächter und die im Feuer des Weins immer lauteren Zurufe mit dem Rauschen des Meeres vermengten, das der Wind über die niedrigen Dächer zu uns hertrug."

Wer – nicht nur als Mann – in den Erinnerungen des Spaniers Rafael Alberti auf diesen Garten stößt, wird möglicherweise den Kopf in die Hand stützen und in eine Ferne träumen, die räumlich wie zeitlich unvorstellbar weit entfernt scheint. So etwas gibt es nicht mehr. Das gibt es in den Erzählungen aus „Tausendundeiner Nacht". Der andalusische Bordellgarten illustriert einen Kontrast, wie er dramatischer kaum sein könnte. Es sind die beiden alten Bilder vom Garten, in ein und derselben Szenerie vereint: das Paradies der Unschuld auf der einen Seite, Sündenfall und Garten der Lüste auf der anderen.

Es ist nicht egal, wo etwas geschieht. Daß irgend etwas im Garten geschieht, macht es moralisch gewiß nicht besser. Aber anders! Denn es geschieht, nicht nur hinter Mauern oder Hecken, sondern vor allem unter Gottes freiem Himmel. Oder andersherum: wo, wenn nicht in einem Garten, kann selbst das ansonsten Anrüchige in solch frischem Duft erscheinen?

Letzter Tag

Morgen geht die Welt unter! Wie bitte? Ja, soeben haben sie es im Radio durchgegeben: morgen abend, Punkt zwanzig Uhr, mit dem Gongschlag der Tagesschau, werden sie den Stecker rausziehen. Aus ist, man hat keine Lust mehr, das Experiment gilt als fehlgeschlagen, weitere Forschungsgelder sind nicht bewilligt worden.

Wie, was? Aber ich wollte doch noch… . Was wollten Sie noch? – Nein, nun ist es wirklich so weit, jetzt heißt es: den Spaten herausholen, schnell in die Baumschule, einen Apelbaum kaufen und einpflanzen. Oder einfach nur in den Garten gehen und umgraben.

Warum gerade das? Sie kennen doch Luther: „Und wenn ich wüßte, daß morgen die Welt unterginge, würde ich heute noch ein Apfelbäumchen pflanzen!" So oder so ähnlich soll Luther das gesagt haben, obwohl die Originalquelle dieses Zitate-Bestsellers nicht leicht aufzufinden ist. Und Franziskus! Franz von Assisi. Auch der, so erzählt die Legende, war gewillt, sein letztes Lebensstündlein umgrabend im Garten zu verbringen.

Wieso der Garten? Was hat er, das ihn zum ultimativen Schauplatz prädestiniert? Zumindest für Kleriker, obwohl man ja gerade für deren letzte Stunde eher auf Kontemplation, auf ein bereites und vorbereitetes Hinübergleiten in den ewigen Bezirk gesetzt hätte, statt auf die so irdische Arbeit mit dem Spaten.

Eine eindeutige Antwort darauf ist wohl nicht zu geben. Aber Annäherungen.

Da wäre die Hoffnung zu nennen. Jene zutiefst menschliche und irrationale Eigenschaft, die uns dazu verhelfen kann, wie geschehen, fünf Tage und Nächte durch Eiseskälte und ohne Nahrung zu wandern, „auszuhalten, was kein Tier ausgehalten hätte“ und die als letztes verglimmendes Fünkchen selbst in den Augen der Sterbenden noch aufleuchtet. Und was wäre ein eindeutigeres Zeichen ungebrochener Hoffnung, als einen Baum zu pflanzen, dessen Früchte die Zukunft ernten wird. Sodann: in beiden Bildern der letzten Stunde steht die Arbeit im Garten wohl für alles Arbeiten, das mit sich selbst im reinen ist: „Warum sollte ich, was ich mein Leben lang gerne tat, nicht auch jetzt tun?“. Und Verzweifeln, jene Rechtfertigung nicht mehr weiterzuwollen, „nützt“ hier schließlich nicht mehr, denn alles Selbstmitleid, das wir daraus ziehen, blickt ins Nichts. Und ein Letztes, Metaphysisches, zutiefst den Quellen des abendländischen Glaubens Entspringendes: Was, wenn nicht die Gestaltung und Verwandlung des Irdischen (in der christlichen Theologie „Transsubstantiation“ genannt und Urbild alles Gärtnerns), wäre des Menschen würdiger – und wenn es sein muß, noch bis zum letzten Atemzug. Rilke: „Erde, ist es nicht dies, was du willst: unsichtbar in uns entstehn? ... Was, wenn Verwandlung nicht, ist dein drängender Auftrag? Erde, du liebe, ich will.“

Gartenkinder – Kinder-Gärten

Hängen wir noch ein letztes Kapitel an. Eines, das gut am Ende stehen kann. So wie die Hoffnung immer am Ende steht. Oder am Anfang. Oder sonst irgendwo, Hauptsache, sie wird nicht vergessen. Es geht um Kinder. Kinder im Garten.

Kinder-Garten – das ist keine zufällige Wortverbindung. Wo Kinder sind, ist Garten, und zwar in einem sehr weitgefaßten Sinn. Und wo der Garten ist, sind Kinder – wenn sie nicht dort sind, stimmt etwas nicht. Worthülsen? Gemeinplätze? Wer die tiefere Gemeinsamkeit von Kind und Garten finden will, muß graben! Was er dann findet? Die Unschuld!

Das Paradies, dessen Abbild und Erinnerung der Garten stets war, erlebte die ersten Menschen im Stande der Unschuld. Ihre Welt war ausschließlich nur Garten. Sie lebten nicht in Eden, sie waren Eden, waren unabgesonderter Teil des ganzen Gartens, und Eden war nur deshalb ein Garten, weil zwischen den Wesen darin keine Absonderung war. Es war buchstäblich der Ort, an dem sich Fuchs, Hase und eben auch der Mensch „Gute Nacht" sagten. Ein Ort der Ordnung, ein Ort göttlich-geistiger Harmonie.

Erst Erkenntnis, also Differenzierung, Ab-Sonderung des einzelnen, Aufgabe des einen großen Zusammenhangs, zugunsten der verstandenen Einzelheit, bewirkt den Bruch der Ordnung und den Verlust der Unschuld. Mit dem Einsetzen der Erkenntnis zwischen Gut und Böse beginnt gewissermaßen die Selbstvertreibung aus dem Paradies. Und das Ende der Kindheit.

Kindheit in diesem Sinne ist nichts weniger, als die immer neu erzählte und gelebte Geschichte des Paradieses und seiner Bewohner. Das Paradies ist der Idealtyp jeder Kindheit, während die Wirklichkeiten demgegenüber allzuoft jämmerlich anders aussehen. Was unternehmen Erwachsene – Eltern und Erzieher, sogenannte Freunde und Fremde – nicht alles, um die vielen Formen der (kindlichen) Unschuld aus der Welt zu treiben. Die Zerstörung des Gartens „Welt" nimmt hier ihren Anfang, die Zerstörung vieler gesunder, kindgemäßer Gärten, folgt auf dem Fuße.

Was also tun? Wir „sollen werden wie die Kinder", wurde uns ans Herz gelegt. Doch wer versteht das schon, und wer handelt danach, ohne gleich infantil zu wirken. Es muß eine höhere Form der Unschuld damit gemeint sein, und eine

neue Art der Erkenntnis. Ein Zustand, den wir erreichen, indem wir die gewonnenen Erkenntnis-Fähigkeiten nicht verlieren, sondern transzendieren.

Im Garten könnten wir damit beginnen. Es ist der Gewinn einer neuen Ordnung der Welt damit gemeint. Eine bewußte und gewollte Ordnung durch den Menschen, die allen Wesen gerecht zu werden sich bemüht – einschließlich des Menschen selbst, denn er und seine weitgespannten Bedürfnisse kommen in den neuen, „ökologisch“ geprägten Ordnungen oft gar nicht mehr vor!

Rondo pastorale. Kommen wir zum Schluß. „Überall ist Garten. Und jeder Mensch ist ein Gärtner!“ – das ist, so viel steht jetzt fest, nicht frommer Wunsch und nicht abstrakter Glaube – es ist: gewollte Entscheidung. Denn „es gibt nichts Gutes, außer man tut es!“

Märchengarten

Was machen zwei Kinder, die in einer öden Mietskaserne wohnen, einen ganzen Winter lang, tagaus, tagein, auf einen umzäunten, großen, geheimnisvollen, alten Garten hinabschauen, sich Wunder und Abenteuer darin ausmalen, was machen diese Kinder, wenn das Frühjahr dann machtvoll hereinbricht und sie endlich in den Garten hineingelangen? Sie zerstören ihn! So erzählt es Marie Luise Kaschnitz in ihrem posthum veröffentlichten Märchenroman „Der alte Garten“.

Der neunjährige Knabe und seine achtjährige Schwester sind Kinder der Stadt, ihr Denken und Handeln hat sich nie an Pflanzen und Tieren entfalten können. Sie dringen, so spielen sie, in „feindliches Land“ ein, Sträucher und Blumen sind Feinde, die erschlagen werden, Käfer, Spinnen und Eidechsen sind Untertanen, die gezähmt und gezüchtigt werden müssen. Als der Abend anbricht, beleuchtet die Sonne ein Schreckensbild.

Marie Luise Kaschnitz’ literarische Therapie dieser leidvollen und leidbringenden „Kinderspiele“ greift in das Reich der Märchenbilder. Die weise Buchenfrau, guter Geist des alten Gartens, verwandelt die Kinder zu winziger Gestalt und schickt sie auf eine Reise zu den vier Elementen. Waren ihnen zuvor Tiere und Pflanzen nichts weiter als Spielzeuge ihrer Langeweile, schauen sie nun in ein Reich ganz eigener Gesetze und Schönheiten. Und wieviel intimes Naturwissen in dieses Buch hineinverwoben ist! Nirgends wird das Märchen äsopisch-belehrend, oder romantisch-sentimental.

Nach einer Nacht, deren Erlebnisse Jahre zu füllen scheinen, erwachen die Geschwister, und ein Gärtner, alt und milde, steht vor ihnen. „Er zog einen großen blinkenden Schlüssel hervor und legte ihn dem Knaben auf die Brust. ... Da wußten die Kinder, daß sie nun wiederkommen durften, sooft sie wollten, und das taten sie auch fast täglich, solange ihre Kindheit währte. Sie kamen und halfen dem alten Gärtner gießen und graben, jäten und pflanzen, und wenn auch niemals mehr

die zarten und wilden Stimmen der Natur so deutlich zu ihnen sprachen wie in jener Nacht der Verzauberung, so waren sie ihnen doch zeitlebens vertrauter als anderen Menschen."

Daß ein Schlüssel zu des Menschen gedeihlicher Entfaltung im Garten liegt, wird schon lange gewußt – nicht umsonst hegen wir die zarten Kinderseelen im Kindergarten. Wie aber der „Kinder-Garten" auszusehen hätte, ist ein weites Feld, und man wird bei näherer Betrachtung den Verdacht nicht los, seine Beackerung steckt gerade erst in den Kinderschuhen. Marie Luise Kaschnitz hat einiges davon gewußt. In ihrem „Gartenbuch" sind das Reich der Feen und Elfen, Geister und Geistchen und die Welt der exakten Naturbeobachtung harmonisch verbunden. Der kundige Gärtner weiß, daß er den Pflanzen nur die Bedingungen ihrer Entfaltung schafft – wachsen werden sie, „nach dem Gesetz, nach dem sie angetreten". So auch der Menschengärtner. Elfenwelt und Naturbeobachtung heißen hier: Phantasie und Lebenstauglichkeit. Diese zu gewinnen, ohne jene zu verlieren, darin besteht die ganze Kunst. Auch im „Kinder-Garten". Den „Alten Garten" sollten wir unseren Kindern zu lesen geben – oder einen Garten finden, darinnen sie aufwachsen, am besten aber beides!

Schlupfwinkel

Wie wohl käme ein zwölfjähriger Junge der Aufforderung nach, einen Garten anzulegen? Wahrscheinlich gar nicht! Denn für ein solches Unterfangen bedarf es bekanntlich einer, von den ersten Vorstellungen bis zur konkreten Ausformung, willentlichen Betätigung, die der Junge nicht aufbringen würde. Er sähe schlichtweg keinen Sinn darin, und sein Spielen ließe ihm ohnehin keine Zeit dafür.

Dennoch, zögen wir den Jungen beratend zu einer solchen Gestaltung hinzu, würden seine dringenden Wünsche gewiß absehbare Richtungen einschlagen. Neben den diversen Flächen und Gegenständen, auf und mit denen er den fohlenhaften Bewegungsdrang seines von Pflicht und Fron hoffentlich noch unbelasteten Körpers austoben wollte, wäre in seinem Garten an mannigfaltigen Schlupfwinkeln gewiß keine Not.

„Alle Kinder wollen sich in einen heimlichen Schlupfwinkel verkriechen. Ich liebte vor allem den Schlund einer alten Weide am Ende des Hofes. Der Baum war hohl und hatte knorrige, ausgreifende Wurzeln, eine weiche, verwitternde Borke und ein markreiches Inneres. Der Einlaß war wie die Öffnung eines Pferdekummets, und hatte man sich hindurchgezwängt, befand man sich im Kerngehäuse eines anderen Lebens und blickte auf den vertrauten Hof hinaus, als liege er plötzlich hinter dem Milchglas der Fremdheit. Über dem Kopf aber blühte und atmete der lebendige Baum, und wenn man die Stirn ans rohe Mark anlehnte, spürte man, wie die wispernde Krone der Weide über einem schwankte." Es ist der irische Lyriker und Nobelpreisträger Seamus Heaney, der in diesen Zeilen seiner Kindheit nachspürt.

Was ist ein Schlupfwinkel? Ein Versteck, gewiß. Aber neben dem hohen Reiz, darin für Eltern, Nachbarn oder sogar Freunde unsichtbar, verschwunden zu sein, hat ein richtiger Schlupfwinkel mehr zu bieten. Indem er ein Nichts von einem Raum, ein kleinster Ort des Aufenthaltes ist, ist er doch gerade so etwas, was das Kind ganz durchdringen und erfüllen kann. Auch wenn wir dafür keinen Sinn mehr haben: Unsere gewöhnlichen Räume haben Erwachsenenmaß, sind wie Erwachsenenkleider und hängen wie diese den Kindern schlotternd um die Glieder. Und schließlich ist ein Schlupfwinkel in der Natur ein Mikrokosmos voller unentdeckter Wesen und Dinge. Denn kaum daß das Kind zu sich gekommen ist, findet es in seiner Neugier auch wieder über sich hinaus und entdeckt die Fülle der natürlichen Welt! Uns aber, den armen reichen Bürgern unserer Zeit, hat man die mannigfaltigen Schlupfwinkel stark dezimiert. Und bevor auch wir Gärtner den wunderbaren Sinn dieser Verstekke ganz vergessen, sollten wir unseren Kindern und Enkeln die Möglichkeit geben, uns darüber erneut aufzuklären.

Bett im Garten

Mancher Gärtner nimmt seine hortensischen Hoffnungen und Ängste sogar mit in den Schlaf. Doch auch ein umgekehrter Weg wäre denkbar. Auf dem trüge man seine zivilen Sorgen nicht nur tagsüber in den Garten, arbeitete sie und sich darin ab, nein, auch nachts fände man hier eine geeignete Zufluchtsstätte.

Maxim Gorki hatte als kleiner Junge seinen Vater verloren. Zusammen mit der Mutter fand er eine neue Heimstatt bei den Großeltern. Die Lebensverhältnisse dort waren armselig, aber Gorki richtete sich nach Art der Kinder häuslich darin ein. Im Hof und Garten hinter des Großvaters Haus lag das Reich seiner Kindheit ausgebreitet. Eine alte, ungenutzte Mistgrube wurde zum Kristallisationspunkt seiner Phantasien: „Mich überkam der heftige Wunsch, das Unkraut auszureißen, alles Schmutzige, Überflüssige aus dem Wege zu räumen, mir eine saubere Wohnstatt in der Grube einzurichten und während des Sommers dort zu hausen. Ich machte mich sogleich ans Werk, es lenkte mich von allem ab, was sich im Hause tat, und wenn es mich auch immer noch sehr kränkte, mit jedem Tag an Interesse für mich verlor. Ich riß oder hackte das Unkraut mit dem Hackmesser heraus und baute eine breite Sitzgelegenheit aus Ziegeln – man konnte sogar auf ihr liegen. Dann suchte ich viele bunte Glas- und Geschirrscherben zusammen, strich Lehm in die Ritzen zwischen den Ziegelsteinen und drückte die Scherben hinein. Wenn die Sonne in die Grube hereinsah, flammten sie in allen Regenbogenfarben auf, es war wie in der Kirche. Ich flocht einen dichten Zaun aus trockenem Steppengras und brachte zum Schutz gegen den Tau und gegen die Sonne über der Bank ein Wetterdach an – es war bei mir nun wirklich schön. Den ganzen Sommer, von Regentagen natürlich abgesehen, verbrachte ich im Garten, in warmen Nächten schlief ich sogar dort – auf einer Filzdecke, die Großmutter mir geschenkt hatte. Zauberhaft ist es, mit dem Gesicht nach oben dazuliegen und zu verfolgen, wie die Sterne aufflammen, wie sie den Himmel grenzenlos vertiefen. Es war die stillste und beschaulichste Zeit meines ganzen Lebens, und eben in diesem Sommer gewann ich ein Gefühl des Vertrauens in meine Kraft, das immer mehr erstarkte."

Was bei einem Erwachsenen allzu sehr nach romantischer Lebensverklärung klingen würde, wird bei dem Knaben Maxim zum therapeutischen Akt. Er findet den Platz, an dem er sich von der ihm feindlichen Welt zurückziehen kann, nicht nur, er schafft sich diesen Platz sogar selbst. Während Gorki seine Zufluchtsstätte gestaltet, leuchtet das ewige Paradoxon beglückender (Garten-) Arbeit auf: Während wir sie verrichten, sind wir unermüdlich, haben wir sie aber getan, ist nur um so besser ruhn.

Gewöhnlich nimmt dann der Gärtner am Abend, und sei es noch so zögerlich, Abschied von seinem geliebten Flecken Land. Wer es wie Gorki halten möchte, plane daher beizeiten seinen nächtlichen Gartenschlummerplatz! Ob Sie diesen Vorschlag befolgen sollen? Die Lebensmaxime von Gorkis Großvater gibt darauf eine gute Antwort: „Leb still und ruhig, aber sei hartnäckig! Hör alle an, und tu, was dich am besten dünkt ..." Dem Gärtner ins Stammbuch!

Den lachenden Pan hören

Durch die Märchen und Mythen der Völker weht ein vertrautes Motiv: Ein Mensch geht durch die Welt und fühlt sich beobachtet. Hinter seinem Rücken glaubt er etwas zu spüren, das sich mit Blicken, und seien sie noch so schnell zurückgeworfen, nicht fangen läßt. Und fast immer steckt ein Zwerg, Wichtel, Troll oder sonst ein Wesen der Zwischenreiche dahinter, einer der ihm gutgesonnen ist und der nur so lange helfen darf, wie er ungesehen bleibt.

Kinder kennen das! Auch wenn sich bei ihnen zumeist noch ein Element der Furcht dareinmischt. Der Gang in den Keller ist das Extrem dieser Zustände, doch selbst draußen, am hellen Tag, machen sie mitunter verwirrende Erfahrungen. Wenn die, die einst selber Kinder waren, es denn zulassen! Denn wer auch nur die letzten dreißig Jahre mit den Augen des Kindes an sich vorüberziehen läßt, muß vor der Zerstörung einstiger Kinder-Orte zurückschrecken. Dort, wo früher ein (für Erwachsene) beinahe undurchdringliches Heckengebüsch mit Forsythien, Cornus, Schlehe und Brombeerranken war, stehen heute einzelne Alleebaum-Stämme auf kurzgeschorenem Großflächenrasen. Der liebevoll angelegte, aber dem Alter aus der Hand gewucherte Garten der kinderscheuchenden Jungfer, ist einem Garagenplatz gewichen, die gruselige Rumpelecke hinterm Taubenschlag des alten Stahlarbeiters ist dem blanken Beton-Nichts seines Enkels gewichen. Ich weiß, wovon ich rede, es sind die Gärten und

Plätze meiner Kindheit, die da verschwanden. Von den Hühnern, Kaninchen und Kartoffelflächen des ostpreußischen Großvaters ganz zu schweigen.

Und noch früher? „Das verworrene Dickicht der Gräser, Pflanzen, Unkräuter und Disteln brodelt im Feuer des Mittags. Es braust im Gewimmel der Fliegen das Mittagsschläfchen des Gartens. Das goldene Stoppelfeld schreit in der Sonne wie das Erz der Heuschrecken; im dichten Regen des Feuers toben die Grillen; die Schoten der Sämereien explodieren leise wie Heupferdchen. … Der Garten war ausgedehnt und in mehrere Seitenarme verästelt und hatte ganz verschiedene Zonen und Klimate. Auf der einen Seite war er offen, voller Milch aus Himmel und Luft, und dort teilte sich dem Himmel das weichste, zarteste, dichteste Grün mit. Doch im gleichen Maß, wie er in die Tiefe eines langen Seitenarms abfiel und sich in den Schatten der Rückwand einer aufgelassenen Sodawasserfabrik verkroch, verdüsterte er sich merklich, wurde aufbrausend und nachlässig, ließ sich wild und schlampig die Haare wachsen, wütete mit Brennnesseln, sträubte sich in Disteln, räudete sich in allerhand Unkraut, bis er endlich zwischen den Mauern, in einer breiten und rechtwinkligen Bucht, alles Maß verlor und in Wahnsinn verfiel. Dort war er kein Garten mehr, sondern ein Paroxysmus des Wahnsinns, ein Wutausbruch, eine zynische Schamlosigkeit und Ausschweifung. Dort breiteten sich, zu Bestien geworden, protzig, ihrer Leidenschaft freien Lauf lassend, die leeren, verwilderten Köpfe der Kletten aus – riesige Hexen, die sich am hellichten Tag ihrer weiten Röcke entledigten, ... bis ihre aufgeblähten, löchrigen Lumpen mit den verrückten Lappen dieses zänkische Bastardengeschlecht unter sich begruben. Doch die gefräßigen Röcke schwollen an, drängten sich vor, türmten sich aufeinander, breiteten sich aus, bedeckten sich gegenseitig und wuchsen als aufgeblähte Blattmasse bis zur niedrigen Dachtraufe des Schuppens empor."

Hier spricht Bruno Schulz, jüdischer Schriftsteller und Zeichner im polnischen Galizien der Vorkriegs- und Vor-Hitler Zeit, als die Welt der „Zimtläden" (Buchtitel)sich der hereinbrechenden Moderne schon kaum noch erwehren konnte. Er, in dem autobiographischen Roman noch das erzählende Kind, geht durch die Läden, Gärten und Hinterhöfe wie durch einen mythischen Wald. Ordnung und aufgelassene Ordnung, Licht und Finsternis, Wohlklang und schriller Schrei ziehen ihn abwechselnd in ihren Bann. Von Pflanzen, Steinen, Wasser und Himmel geht eine seelische Macht aus, die der Erwachsene vielleicht noch am Rande des wachen Bewußtseins und in den Feuerflammen der Fieberphantasie kennt. Idylle und Ordnung, Nutzen und Genießen, Mühsal und belohnter Fleiß lösen sich auf. Und ein ganz neues Gefühl für die Tages- und Jahreszeiten schleicht kalt durch unsere Seele: Die Nacht und ihre Schrecken berückt uns sowieso, aber auch die Todesstille des Mittags, der Auftritt Pans in der feurigen Gloriole einer gewalttätigen Sonne. Hier werden sie, was der bereitwillige Leser beinahe leibhaftig spüren kann, zu wirklichen Mächten. Auf einmal heißt es nicht mehr: ich und „Das andere“ – der Garten, die Pflanzen. Jetzt ist man, wie ein Kind, Teil des Ganzen, leidet und liebt mit im Fluß der Ereignisse, die schon längst zu Geschehnissen und nicht selten zu Widerfahrnissen geworden sind.

Die Moral von der Geschicht? Grob gesagt: laßt zumindest euren und den anderen Kindern diesen Bereich. Nicht der durchgestaltete Sinnesparcour und die Spiellandschaft, so sinnvoll sie sind, bieten solche Erfahrung. Die wilden Gärten und Ecken, und wenn sie noch so zerrupft und wirr aussehen mögen, und alle Arten von hemmungslos wachsender Undurchdringlichkeit sind zuzulassen, auch wenn es noch so sehr in der Scherenhand juckt und die bösen Blicke des Nachbarn auf der Haut brennen. Und wir erwachsenen Gärtner selbst? Wer Musik hören und verstehen will, muß Musik hören und verstehen lernen. Wer den lachenden Pan, die wilden Hexen und den sanften Äolus empfinden will, muß lernen, die Götter und Geister zu empfinden. Man muß nur beginnen!

Sternwartengarten

Seit Boris Beckers erstem Wimbledonsieg, so kann man Sportstatistiken entnehmen, ist die Zahl der „Tenniskinder“ sprunghaft angestiegen. Und wie kommt man auf den geschundenen Rasen des Center-Court von Wimbledon? Am wichtigsten ist der Ehrgeiz – jener der Eltern. Man muß nur den Mut haben, der Kindheit schönsten Teil zu opfern und seine Kleinen möglichst täglich in die Arena treiben.

Aber da sind andere Grünflächen, die wir ihnen bieten können: „An einer reizenden, geborgenen Stelle des Sternwartengartens lagen unsere Kindergärten, mit Buchsbaumwegen oder Himbeerhecken gegeneinander abgegrenzt.“

Sternwartengarten – schon der Name klingt wie ein Versprechen. Der lag mitten in Berlin und wurde von des Astronomen Familie bewohnt wie ein evangelischer Pfarrgarten vom Pastor und seiner Brut. Die Mutter hatte Humor, der Vater Verstand, und beide hatten Sinn für Kinderträume. Und die Kinder haben es ihnen gedankt: „Schon morgens vor der Schule stürmten wir immer gleich zu unseren Gärtchen hinaus, um zu sehen, ob die Pflanzen wieder größer geworden waren... . Nach der Ankunft [am Ende der Ferien] rannten wir gleich hinüber, ohne erst ins Haus zu gehen. Einmal kamen wir im Dunkeln an, aber die Mutter gab uns Streichhölzer, mit denen wir überall in den Beeten herumfunkelten und zwischen riesig gewordenen Rizinusstauden und großen Gladiolenspeeren herumstaunten."

Während die jungen Tennisasse unverdrossen mit großen Schlägern auf kleine Bälle einschlagen, machen die Sternwartenkinder reiche Erfahrungen. „Die Gärtchen trugen viel dazu bei, uns verwundert fühlen zu lassen, wie verschieden wir alle waren."

Man könnte meinen, der Garten vertritt an den Kindern unserer Tage, in der Stadt zumal, die verlorengegangene, „ursprüngliche" Natur. Sich in dieser tummeln zu dürfen, ersetze einen gut Teil des pädagogischen Handgepäcks aufgeklärter Zivilisation. Und tatsächlich sollte unser Garten, wenn dessen Größe das nur irgend hergibt, ein von den Eltern unbeobachtetes Refugium der Undurchdringlichkeit besitzen. Das eigene Gartenbeet aber ist eine Urparzelle der Welt- und Selbstgestaltung, ein Quellpunkt der Kultur. Und auch die will geübt sein.

Während die Eltern im Falle der Gartenwildnis ein, mitunter beide Auge zudrücken müssen, gilt hier das Umgekehrte: „Da der Vater nicht nur im Himmel, sondern auch auf der Erde überall recht gut Bescheid wußte, bemerkte er genau, was wir Kinder im Garten taten. Der eine Bruder säte nur duftende Blumen in großen Flächen, saß in seiner Laube und las und las – der andere hatte ein Wässerchen im Garten mit ständigem kleinen Schiffsverkehr darauf. Zwischen seinen keimenden Bohnen wühlte er vorzeitig, um zu sehen, wie das gemacht war. Ich zog starkfarbige Blumen und war für blitzende Gegensätze zu haben. Der Vater ließ den ersten Philosoph, den zweiten Schiffsbauer und mich Gärtner werden. ‚Folge deinen romantischen Anwandlungen', hatte er mir gesagt, ‚aber, bitte, konsequent.' "

Ob er konsequent gewesen ist? Das Lebenswerk des bedeutenden Staudengärtners Karl Förster ist der beste Beweis dafür!

Drei Bäume und ein blindes Kind

Die Lebensgeschichte Helen Kellers könnte ein Kinderbuch sein: Ein munteres Mädchen von 19 Monaten verliert den Gesichts- und den Hörsinn. Sie zieht sich störrisch und unzugänglich ganz in sich zurück und wird durch die erzieherische Phantasie ihrer jungen Hauslehrerin in die Welt zurückgeholt.

Doch Helen Keller hat wirklich gelebt. Am 27. Juni 1880 ist sie als Tochter des pensionierten Hauptmanns Keller geboren und in dem efeuumrankten Häuschen „Ivory Green" nahe dem Tennessee-Strom aufgewachsen. Ihre Sinne waren wach und allen Naturerscheinungen hingegeben, als eine Unterleibs- und Hirnhautentzündung beinahe ihr Leben auslöschten. Das Kind starb nicht – war aber für immer blind und taub.

Ihr einziger Trost war die duftende, mit kühlen Blättern sich anschmiegende Welt der Gartenpflanzen. Anne Sullivans Erziehungsmethode knüpft an die Naturverbundenheit ihres Zöglings an.

Wer die „Geschichte meines Lebens" von Helen Keller liest, dem bleiben drei Bäume ihrer ersten Lebensjahre bedeutungsvoll in Erinnerung. Im Geäst einer Wildkirsche lernt sie, aufkommende F u r c h t zu bekämpfen. Anne Sullivan hatte ihr hinaufgeholfen und war zum Haus zurückgegangen, um einen Picknickkorb zu holen. Hilflos erlebt Helen an dem Baum alle Anzeichen eines herannahenden Gewitters.

An der Mimose(einer amerikanischen Akazienart) erfährt sie S c h ö n h e i t: „Eines schönen Frühlingsmorgens drang ein wunderbarer, feiner Duft zu mir. Ich stand auf und streckte instinktiv meine Hände aus. Es war, als sei der Geist des Frühlings durch das Gartenhaus geschritten. In der nächsten Minute erkannte ich den Geruch der Mimosenblüten … . Ja, hier stand er, im warmen Sonnenscheine, und seine blütenbeladenen Zweige berührten beinahe das hohe Gras. Gibt es etwas Schöneres in der Welt als diesen Baum?"

Unter dem Tulpenbaum lernte sie W e i s h e i t. Anne Sullivan war eine verständige Lehrerin. So oft es Unterrichtsinhalt und Wetter erlaubten, ging sie mit ihrer Schülerin in die Natur. „In dem köstlichen Schatten eines wilden Tulpenbaumes sitzend, lernte ich darüber nachzudenken, daß alles eine Lehre und eine Mahnung in sich berge. … In der Tat hatte alles, was da summen, brummen, singen, blühen konnte, einen Anteil an meiner Erziehung – quakende Frösche, Heimchen und Grillen und wild wachsende Blumen, die Blüten der Kornelkirsche, Veilchen und blühende Obstbäume."

Helen Keller hat die Lektionen ihrer Kindheit gut angewandt. Sie ging zwanzigjährig auf die Universität und war bereits mit vierundzwanzig Jahren Bachelor of arts, was in etwa unserem Dr. phil. entspricht. Ihr Lebenswerk war der Blindenfürsorge gewidmet und hat reiche Früchte getragen.

Hosentaschengarten

Es gibt Gedanken, die in die Welt geworfen werden müssen wie Blumensamen in brachen, blanken Boden. Hier ist einer von ihnen: „Die Leistungen der Menschen sind bemerkenswerter, wenn man die Beschränkungen betrachtet, unter denen sie sich mühn." Gedacht und ausgesprochen von Thornton Wilder in „Die Iden des März" und eines der ganz großen Trostworte der Weltweisheit überhaupt. Vor allem ein Satz für alle, die ausziehen wollen, das Lieben zu lernen. Den Menschen. Die Menschen! Uns Menschen, die wir, vom Schicksal geschunden, hinkend, blind und taub, uns noch auf allen vieren von Tagewerk zu Tagewerk schleppen, geradeso als hinge alles Glück der Welt nur noch am seidenen Faden unserer eigenen Existenz.

Ein Gedanke, der milde stimmt. Gegen andere und nicht zuletzt gegen uns selbst. Wer sich diesen Gedanken wie eine Brille auf die trüb gewordenen Augen setzt, findet menschliche Größe in den armseligsten Lumpen, hinter den trostlosesten Fassaden verborgen. Der „Chronist der Winde", im gleichnamigen Roman von Henning Mankell, legt Zeugnis von solcher Größe ab, indem er das Leben des afrikanischen Straßenjungen Nelio erzählt. Nelio lebte das Glück einer dörflichen Existenz, ehe ein Banditenüberfall diesem Leben abrupt eine entscheidende Wendung gibt. Die Familie wird ausgelöscht, während er fliehen kann. Doch war, bei aller Grausamkeit des Geschehenen, die gewaltsame Änderung seines Lebens nicht wirklich eine „Katastrophe", also die „endgültige Wendung zum Schlechteren", wie die griechische Tragödie den Begriff definiert. Nelio erfährt vielmehr eine Wandlung zu Tiefe und Bedeutsamkeit, da er die Lektionen des Leidens zu lernen bereit ist. Am Ende findet der Leser den Zwölfjährigen als charismatischen Anführer einer Gruppe von Straßenkindern, deren Geschicke er bis zu seinem frühen Tod energisch, aber behutsam lenkt.

Es ist eine inhomogene Gemeinschaft, jeder von ihnen lebt und kämpft unter dem Banner eines ganz individuellen, kaum vorstellbaren Leids. Und jeder von ihnen trägt mit ganz und gar einzigartigen, von weitem eher unscheinbaren Begabungen und Befähigungen zum materiellen und seelischen Überleben der Gruppe bei. „Mandioca beispielsweise. Er hatte die größten Hosentaschen, und darin ließ er Zwiebeln und Tomaten wachsen. Die Erde, die er in die Taschen gefüllt hatte, wässerte er jeden Morgen, es tropfte ständig an ihm herunter, und das war seine Beschwörung, seine Sehnsucht, einmal in das Dorf zurückzukehren, an das er sich nicht erinnerte, das aber trotzdem tief in seinem Bewußtsein verankert war, das Dorf, aus dem seine Familie geflüchtet war, als die Warnung kam, die Banditen seien unterwegs."

Mandioca, der schwarze Straßenjunge irgendwo am Rande einer afrikanischen Metropole – ein Bote des verlorenen Paradieses, das hier unter dem Inkognito „Dorf" firmiert? Ja, ein unbewußter Bote! Eine mythische Gestalt in den Straßen des Elends. Viel stärker kann man es nicht ins Bild fassen: das Paradies, der Garten, sucht sich seinen Weg in die Welt, bringt sich in den kuriosesten Verkleidungen in die Erinnerung einer irrenden Menschheit. Und mit welchem Nachdruck, mit welcher blinden Sicherheit in allen Lebensentscheidungen! „Ein ums andere Mal war er von Wohltätigkeitsorganisationen aus aller Herren Länder in verschiedene Kinderheime gesteckt worden, aber er war immer wieder ausgebrochen, denn er wußte, von dort würde er eines Tages die Wanderung zurück nach Hause antreten. Er wollte nicht baden, in einem Bett liegen und saubere Sachen zum Anziehen bekommen. Er wollte große Hosentaschen haben, in denen die Erde Platz hatte, die für ihn genauso wichtig war wie sein eigenes Blut."

Für den Garten, und sei es nur der Garten in der Tasche, bringen Menschen außerordentliche Opfer. Manchmal tauchen ihre tiefsten Motive bis an die Oberfläche des Bewußtseins auf, eine Ahnung dunkel-mächtigen Getriebenseins, der letzte Grund, warum es erstrebenswert ist, mit schwarzer Erde unter den Fingernägeln zu sterben: „von dort" aus dem Garten! „würde er eines Tages die Wanderung nach Hause antreten".

„Die Leistungen der Menschen..." Wo, wenn nicht in der Betrachtung menschlicher Leistung, könnte der Keim zu jener geforderten umfassenden Liebe des Nächsten besser begründet sein? Liebe ist (was andere besser beschrieben und erläutert haben, als der schreibende Gärtner das könnte), Liebe ist nicht Blindwerden für die Fehler eines anderen, es ist Sehendwerden für seine Einzigartigkeiten und Vorzüge. Das aber ist nur um den Preis der Absichtslosigkeit, des Innehaltens, der zwecklosen Gegenwärtigkeit zu haben. Dort, wo wir uns entschleunigen, wo wir stehenbleiben, zusehen, die Schichten des Scheins abheben und zum Sein fremder Handlung durchstoßen, keimt das Pflänzchen Sympathie auf, wächst sich zur Zuneigung aus und trägt die Frucht der Liebe auf seinem schwankenden Stiel. Das geht überall: im Supermarkt, bei der Betrachtung einer geduldigen Mutter, in der Änderungsschneiderei, beim Anblick einer immer lachenden, flinken Nadel oder im Garten:

„Mandioca stocherte in seinen Taschen, wo die Pflanzen sprossen. Er faltete sie auseinander, damit die Sonne auf die Blätter scheinen konnte. Längst hatte Nelio zu seinem Erstaunen festgestellt, daß die Pflanzen in Mandiocas Taschen tatsächlich gediehen. Es war, als sei Mandioca selbst eine Pflanze, ein Baumschößling, bei dem die Arme noch wie schmale Äste ohne Blätter waren."

Austreibung

Das Bild vom Paradies, welches zu sein der Garten Anspruch erhebt, ist kulturgeschichtlich allzu naheliegend, und wir bedienen uns seiner zumeist hemmungslos. Doch berechtigt uns eine solche Beobachtung keineswegs, leichtfertig darüber hinwegzugehen. Das Paradies war dieser uranfängliche Garten. Und, wenn es gutgeht, ist der Garten auch heute noch ein Paradies. Allerdings nicht für Sie liebe Leser – auch für mich nicht. Haben wir doch unsere Unschuld gerade so verloren, wie alle anderen, die buchstäblich den Kinderschuhen entwachsen sind. Nein, der Garten könnte auch heute noch ein Paradies für Kinder sein. Als Paradies des Spielens und vielleicht als ein anheimelnder Ort der Unauffindbarkeit. Aber mehr noch. Indem der Garten zugleich etwas vollkommen Vertrautes ist und eine Stätte gezähmter Natur, unterstützt er die im Bewußtsein des Kindes noch lebende Einheit von Ich und Welt nachhaltig. Bis dann eines Tages … .

„Alles auf der Welt blitzte vor Sauberkeit. Auf den Ästen der Akazien und Fliederbüsche glänzten silberne Tropfen. Die Luft war frisch, die Hitze nicht mehr so drückend. Krzys setzte sich in einen feuchten Korbsessel und schloß die Augen. Ein Gefühl unbeschreiblicher Einsamkeit überfiel ihn. Plötzlich begriff er, daß er für sich allein war, getrennt von allem anderen wie nie zuvor, daß um ihn herum alles fremd war und nicht mehr zu ihm gehörte. Er öffnete die Augen und sah auf den dampfenden Hof, auf den Rasen, von Unkraut überwuchert, und auf das Tor am Parkende. Er sah Bäume, den Himmel, den Faun auf seinem bemoosten Podest. Das alles war getrennt von ihm. Er fühlte, daß zwischen ihm und der Welt eine Barriere entstanden war, die ihn einengte und in der Einsamkeit festhielt. Ein flüchtiger Gedanke befiel ihn. Die Vorahnung, daß hier die Antwort auf die quälende Frage lag, wessen sich plötzlich die ersten Menschen im Paradies geschämt hatten. ‚Ich bin allein', sagte er. ‚Das ist es also? Ich bin getrennt von allen anderen, einsam, anders als die anderen … Ja, das ist es!' Auf seine Hand setzte sich ein Marienkäfer."

Der polnische Dichter Andrzej Szczypiorski zeigt dem Leser seines Romans „Den Schatten fangen" die differenzierte Seele eines fünfzehnjährigen Jungen. Und er zeigt, wie das Band, das diesen mit der Welt vereint hielt, zerreißt. Und – Szczypiorski ist ein philosophischer Geist – es zerreißt sinnigerweise, während der Knabe im Garten ist und die großartigen Momente nach einem Sommergewitter genießt. Es ist auch hier, wie „damals" in der Urferne des Schöpfungsmythos, der Garten, aus dem der sich selbst erkennende Mensch vertrieben wird. Von einer auf die andere Minute verliert das gerade noch freundliche und frische Gelände alle Farbe und allen Glanz – völlige Trostlosigkeit breitet sich um den Jungen aus. Ist wirklich kein Trost mehr in der für Krzys verlorenen Welt? Der Garten selbst, das umfriedete und friedliche Stück Welt, bietet sich ihm, noch unerkannt, aber für den, der verstehen will, verständlich an: „Auf seine Hand setzte sich ein Marienkäfer …"

Zitatequellen und Literaturangaben:

Sonderfragen:

1.7. Julien Green, Tagebücher. List Verlag. München div. Erscheinungsjahre
3.11. Hans Cloos, Gespräch mit der Erde. R.Piper Verlag. München wann? Rütten und Loenig.
5.4. Jacob von Stählin, Originalanekdoten von Peter dem Großen. Winkler Verlag. München 1968

Wo der Garten beginnt

1. Jean Giono, Jean der Träumer. Matthes & Seitz Verlag. München 1991
2. Hans Carossa, Der Tag des jungen Arztes. Insel Verlag. Frankfurt am Main 1962
3. Alfred Lichtwark, Die Blütenmauer in Goslar. Zitiert nach: Katharina Steiner (Hrsg.), Kleine Bettlektüre für glückliche Gartenfreunde. Scherz Verlag, Ort? Ohne Jahresangabe
4. André Maurois, Alexander Fleming: Arzt und Forscher. List Verlag. München 1960
5. Penelope Livley, Der wilde Garten. Luchterhand Literaturverlag. München 1999
6. Friedrich Justinian von Günderode. Zitiert nach: Gartenlob. Dieter Beisel u.a.(Redaktion). Beck`sche Reihe. München 1997
7. Julien Green, Tagebücher. List Verlag. München div. Erscheinungsjahre
8. Artisten. ohne Zitat
9. Kleist, Sämtliche Werke und Briefe. Ullstein. Berlin 1997
10. Hermann Hesse, Freude am Garten. insel taschenbuch. Frankfurt/Main u. Leipzig 1996
11. Albert Camus, Hochzeit des Lichts. Heimkehr nach Tipasa. Sammlung Luchterhand im dtv. München 1994

Warum Gärtner?

1. Friedrich Schnack, Der glückselige Gärtner. Fischer Bücherei. Hamburg 1955
2. Herbert Rosendorfer, Vier Jahreszeiten im Yrwental. Nymphenburger. München 1986
3 Selma Lagerlöf, Marbacka. dtv. München 1987
4. Roger Lovegrove u. Peter Barett, „Folg ich der Vögel wundervollen Flüge... ." dtv. München 1986
5. Hier bin ich Mensch, ohne Zitat
6. Friedrich Ratzel, Jugenderinnungen. Kösel Verlag. München 1966
7. Werner Frese u. Ernst-Gerhard Güse (Hrsg.), August Macke, Briefe an Elisabeth. Bruckmann Verlag. München 1987
8. Der Traum der roten Kammer. insel taschenbuch. Frankfurt/Main und Leipzig 1995
9. Michael Klett, Trocken Mauern. Aufsatz in: Scheidewege, Jahresschrift für skeptisches Denken. Jahrgang 27 1997/98. Verlag der Max Himmelheber Stiftung. Baiersbronn
10. Pauls Nizon (Hrsg.), Van Gogh in seinen Briefen. insel taschenbuch. Frankfurt am Main 1977
11. Hugo von Hofmannsthal, Sämtliche Werke. S.Fischer Verlag. Frankfurt/Main 1984
12. Tanzende Gärten, ohne Zitat
13. Elisabeth von Arnim, Tagebuch eines Sommers. Ullstein. Berlin 1995
14. Garstig Wort. Ohne Zitat.

Nur Geduld Gärtner

1. Sten Nadolny, Die Entdeckung der Langsamkeit. Serie Piper. München u. Zürich April 1987
2. Verweile doch. Ohne Zitat.
3. Johann Wolfgang Goethe, Die Wahlverwandtschaften. Sämtliche Werke. Artemis Verlag. Zürich 1977
4. Nikos Kazantzakis, Alexis Sorbas. Herbig. München 1982
5. Barbara von Wulffen, Urnen voll Honig. Fischer Taschenbuch Verlag. Frankfurt/Main 1991
6. Karel Čapek, Das Jahr des Gärtners. Aufbau Taschenbuch Verlag. Berlin 2001
7. Knut Hamsun, Segen der Erde. List Verlag. München 1999
8. Ong Passong, ohne Zitat

9. Benjamin Franklin, Autobiographie. Verlag C.H.Beck. München 1997
10. Ernst Jünger, Strahlungen. Tagebücher. Klett-Cotta. Stuttgart 2000
11. Hans Cloos, Gespräch mit der Erde. R. Piper Verlag. München wann?
12. Thomas Hürlimann, Das Gartenhaus. Fischer Taschenbuch Verlag. Frankfurt/Main 1996
13. Gerold Späth, Stilles Gelände am See. suhrkamp taschenbuch. Frankfurt/Main 1994

Sonne, Pflanze, Tier und Stein

1. Redmond O´Hanlon, Redmonds Dschungelbuch. dtv. Müchen 1995
2. Wolfgang Schmidbauer, Ein Haus in der Toskana. rororo. Reinbek bei Hamburg 1995
3. Karl Heinrich Waggerl, Die Kunst des Müßiggangs. dtv. München 1991
4. Carl Spitteler, Werke. Artemis Verlag. Zürich 1947
5. John von Düffel, Vom Wasser. dtv. Müchen 2000
6. Ungewöhnlich, ohne Zitat
7. Kurt Tucholsky, Gesammelte Werke. rororo. Reinbek bei Hamburg 1989
8. Siegfried Lenz, Das Lachen des Kookaburra. In: Merian Australien. Hoffmann und Campe. Hamburg September 1995
9. E. O. Meissner, Das fünfte Paradies. Klett-Cotta Verlag. Stuttgart 1965
10. Vitus B. Dröschers, Die Tierwelt unserer Heimat. Hoffmann und Campe. Hamburg 1978
11. Kennt man, ohne Zitat
12. Tom Brown, Der Fährtensucher. Scherz Verlag. Bern 1985
13. Nachtschatten, ohne Zitat
14. Annie Dillard, Der freie Fall der Spottdrossel. Klett-Cotta. Stuttgart 1996

Gartengeschichten

1. John Milton, Das verlorene Paradies. Reclam. Stuttgart 1994
2. Colette Davenat, Die Favoritin. Rütten und Loenig. Berlin 1997
3. Giovanni Boccaccio, Das Dekameron. insel taschenbuch. Frankfurt/Main 1980
4. Jacob von Stählin, Originalanekdoten von Peter dem Großen. Winkler Verlag. München 1968
5. Gotthold Ephraim Lessing, Nathan der Weise. Werke. Stauffacher Verlag. Zürich 1965
6. Erhart Kästner, Zeltbuch von Tumilad. Fischer Bücherei. Frankfurt/Main 1960
7. André Maurois, Benjamin Disraeli. S.Fischer Verlag. Berlin 1930
8. Irving Stone, Charles Darwin oder Der Schöpfung wunderbare Wege. Knaur. München 1981
9. J.H. Fabre, Das offenbare Geheimnis. Artemis Verlag. Zürich 1961
10. Adele Crockett Robertson, Der Apfelgarten. rororo. Reinbek bei Hamburg 2001
11. Max Pol Fouchet, Zu Haus in Sidi Bou Said. In: Merian Tunesien. Hoffmann und Campe. Hamburg Oktober 1979
12. Rafael Alberti, Der Verlorene Hain. suhrkamp taschenbuch. Frankfurt/Main 1985
13. Letzter Tag, ohne Zitat

Gartenkinder – Kinder-Garten

1. Marie Luise Kaschnitz, Der alte Garten. Claasen Verlag. Düsseldorf 1985
2. Seamus Heaney, Moorhof. Merian Irland. Hoffmann und Campe. Hamburg August 1990
3. Maxim Gorki, Meine Kindheit. Fischer Taschenbuch Verlag. Frankfurt Main 1992
4. Bruno Schulz, Die Zimtläden. dtv. München 2000
5. Karl Förster, Ferien vom Ach. Union Verlag. Berlin 1966
6. Die Geschichte meines Lebens. Helen Keller. Verlag Robert Lutz. Stuttgart 1906
7. Henning Mankell, Der Chronist der Winde. Paul Zsolnay Verlag. Wien 2000
8. Andrzej Szcypiorski, Den Schatten fangen. Diogenes Verlag. Zürich 1995